课堂上的思维导图

中学生思维导图学习法

孙易新 著

浙江人民出版社

图书在版编目（CIP）数据

课堂上的思维导图. 中学生思维导图学习法 / 孙易
新著. — 杭州：浙江人民出版社，2020.8
　ISBN 978-7-213-09742-3

　Ⅰ. ①课… Ⅱ. ①孙… Ⅲ. ①中学生—思维方法—能
力培养 Ⅳ. ①G630

　中国版本图书馆CIP数据核字（2020）第088834号

课堂上的思维导图·中学生思维导图学习法

孙易新 著

出版发行：浙江人民出版社（杭州市体育场路 347 号　邮编：310006）
　　　　　市场部电话：(0571) 85061682　85176516
责任编辑：刘　华
特约编辑：赵　霞
营销编辑：陈雯怡　陈芊如
责任校对：戴文英
责任印务：刘彭年
封面设计：琥珀视觉
电脑制版：北京唐人佳悦文化传播有限公司
印　　刷：北京阳光印易科技有限公司
开　　本：710 毫米 × 1000 毫米　1/16　　印　张：17.75
字　　数：211 千字
版　　次：2020 年 8 月第 1 版　　　　印　次：2020 年 8 月第 1 次印刷
书　　号：ISBN 978-7-213-09742-3
定　　价：78.00 元

如发现印装质量问题，影响阅读，请与市场部联系调换。

我从小就对上学怀有恐惧和排斥的心理，上了初中之后更是苦不堪言，因为无论我上课如何努力听讲，下课如何刻苦补习，考试成绩总是"惨不忍睹"。你是否也有类似的经历呢？

经济合作与发展组织（Organization for Economic Co-operation and Development，OECD）每三年就会针对全世界 60 多个国家的 15 岁在校学生举办一次国际学生能力评量项目（Program for International Student Assessment，PISA）测试，进行阅读、数学和科学能力的评估，也就是检验这群"准大人们"是否具备参与社会活动所需的基础知识和技能。换言之，阅读、数学和科学是学习其他学科的基础。

回想我上初中的时候，在语文学科的学习中最让我感到头疼的是文言文。文言文理解起来很困难，背诵也不容易，但考试的时候偏偏要考注释、考默写。语文类畅销书作家高诗佳在《文言文阅读素养：从寓言故事开始》一书中指出，很多学生在学习语文，尤其是在阅读文言文时，往往按照"原文──作者──查阅注释"的传统方式阅读，其实这种阅读方式是最枯燥无味的。如果你先充分了解一篇文章里的故事及其寓意，再回到字词，学习起来就轻松多了。理解并掌握整篇文章的要旨与结构是学习文言文的关键。

1997 年 9 月，我从英国博赞中心（Buzan Centres）将思维导图法引入华人世界，现在它已经被推广普及到人们的学习、工作中。二十几年过去了，大家的需求已经不只是学习如何画一张思维导图，而是注重如何应用思维导图法。

　　教师在教授中学生语文时，针对不同文体、不同写作手法及不同教学目的，要思考如何将思维导图法作为教学策略的辅助方法，并通过一张思维导图帮助学生来分析课文，以增强他们对内容的理解与记忆，最终达到提升思考能力与学习能力的目标。本书将针对这一系列问题进行详细的说明。

　　本书中，第一章大致介绍思维导图法的缘起、定义、使用误区与基础知识工具等。第二章介绍思维导图学习法，同时，我将通过本书解释说明一种新的学习方法——"思维导图 RMMR 学习法"，它包括阅读技巧、思维导图笔记术、记忆术与试卷订正等内容，是我在多年教学、研究与实践之后，归纳整合出的高效应试策略。第三章主要通过绘本、故事、主题式文章等，阐明提升阅读理解的思维导图结构与学习策略，并进一步解说各种文体的思维导图。第四章主要是以文言文为案例，说明如何将思维导图法融入中学语文学科教学。第五章的内容可以为一线教师提供一些将思维导图法有效地融入学科教学的策略。

　　为了让更多有心从事思维导图法教学的教师有深入学习的机会，我们经常在不同的城市举办专业师资培训班，欢迎有兴趣的教师加入我们的队伍，共同为下一代的教育尽自己最大的努力！

孙易新

◎第一章　认识思维导图法

< 1 >

◎第二章　思维导图学习法

◎第三章　提升阅读理解的思维导图结构与学习策略

◎第四章　思维导图法融入中学语文学科的进阶应用

◎第五章　思维导图法融入学科教学的实施策略

第一章

认识思维导图法

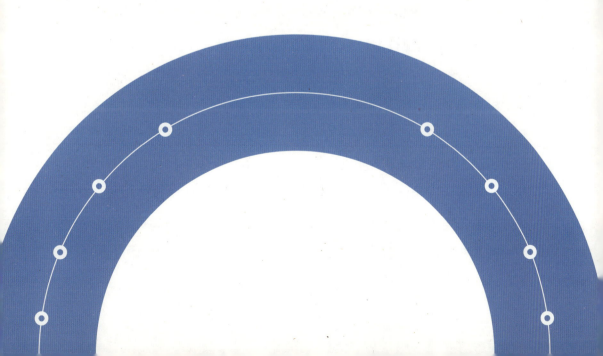

为什么进学校？为什么求学问？你想学些什么？ 1922 年，梁启超在《为学与做人》一书中就已经对上述问题给出了答案——为了学做人。

美国哲学家、心理学家约翰·杜威（John Dewey）认为，教育的目的在于使人能够继续教育自己。

联合国教科文组织（UNESCO）曾于 1996 年提出学习的四大支柱：学会认知（learning to know）、学会做事（learning to do）、学会共同生活（learning to live together）、学会发展（learning to be），并于 2001 年再次提出学习的第五大支柱 ——学会改变（learning to change）。

2016 年 9 月 13 日，由国内近百名高等院校教育专家组成的课题研究小组发布了《中学生六大核心素养》。该文件从文化基础、自主发展、社会参与三个层面指出了中国学生必备的六大核心素养，分别是人文底蕴、科学精神、学会学习、健康生活、责任担当与实践创新。

由此可见，培养身心健康、能够适应环境、掌握思考与学习的方法、具有解决生活中各种问题能力的学生，才是教育的目的。其中，掌握思考与学习的方法更是现代社会中每个人必备的关键能力。梁启超先生也曾就学习方法提出读书的三个步骤，分别是鸟瞰、解剖、会通，同时强调读书的方法必须符合科学精神，亦即学习方法要具有普遍性与操作性。

思维导图法已被诸多学术论文证实是一种有效、具有普遍性与操作性、符合科学精神的思考与学习方法。许多知名企业、学校都纷纷将其作为提高工作效率与学习能力的方法。

在本章中，我将对思维导图法的起源、定义、使用误区与基础知识工具进行重点介绍。如果想要进一步了解思维导图法，可以参考我的另外两本书:《零基础思维导图法》和《思维导图法应用宝典（修订版）》。

1 思维导图法的意义

● ● ● ●

在本节中，我将说明什么是思维导图法、思维导图法的起源，以及思维导图法的概念定义与操作定义。

什么是思维导图法

1997 年，我从英国博赞中心将思维导图法引入华人世界。起初，在台湾地区称其为"心智绘图"，2001 年改为更贴近其本意的"心智图法"。在大陆地区则普遍称其为"思维导图"，2017 年，我的《零基础思维导图法》一书在大陆地区出版，此后越来越多的人开始使用"思维导图法"一词。

思维导图法是通过绘制可视化的图像（visual mapping），以直观的构图、图解形式，通过树状结构与网状脉络描述多个概念之间的关系，呈现大脑思维的过程。思维导图法是一种可以帮助我们激发创意、梳理知识脉络、提高思维缜密程度的工具，它可以帮助我们提升阅读理解能力、强化记忆力，以及快速掌握并交换信息与知识。

图 1-1-1 是杭州市西兴实验小学全董锡老师绘制的思维导图，这张思维导图梳理了与动物有关的成语，可以帮助学生理解并记忆成语，这是应用思维导图法的典型案例之一。

这个方法有没有一种特定的工具或模式呢？ 2001 年我应邀参加台湾师范大学游光昭教授主持的研究计划会议，许多与会的学者都赞同我的想法，认为以视觉图像、图表的方式来构思、记录想法，对孩子的学习有很大的帮助，但不应只局限于使用英国东尼·博赞（Tony Buzan）所提出的思维导图。在我进行博士论文答辩时，多位评委也强烈建议，思维导图法不应"画地自限"，而应该根据场合和实际需求，融合更多不同的可视化工具。因此，我们可以这样理解，凡是用于描述概念想法关系的各种工具，例如思维导图（mind map）、概念图（concept map）、树状图（tree diagram）、组织结构（organizational chart）、鱼骨图（cause & effect / fishbone diagram）、曼陀罗九宫格（mandala chart），甚至近年来在儿童教育中流行的思维图（thinking maps）等，都可以称为思维导图。这就是广义的思维导图。而东尼·博赞在 1974 年所提出的思维导图则属于狭义的思维导图。

图 1-1-1　梳理动物成语思维导图

思维导图法的起源

思维导图法是谁发明的呢？

国内外推广东尼·博赞思维导图法课程的机构或教师都说是东尼·博赞发明的，但是 2010 年 7 月的《经理人》期刊中有这样一段话：

"思维导图"究竟是在何时、由什么人发明的，至今仍然众说纷纭。无论如何，英国大众心理学者东尼·博赞无疑是将这套思考工具普及到一般大众的重要推手。

2019 年 4 月，我查询维基百科中文版，里面有这样一段话：

思维导图是由英国的东尼·博赞于 20 世纪 70 年代提出的一种辅助思考工具。在平面上写出一个主题，从主题出发画出与其相关联的信息，这样的图称为"思维导图"。由于这种表现方式比单纯的文字更加接近人脑在思考时的活动模式，所以越来越多地被用于创造性思维的活动中。

语义网络图于 20 世纪 50 年代后期发展起来，并且在 20 世纪 60 年代早期由阿兰·M. 柯林斯（Allan M. Collins）和罗斯·奎利恩（Ross Quillian）发展成思维导图。鉴于阿兰·M. 柯林斯的贡献和公开研究，他被认为是思维导图模型之父。

从维基百科关于思维导图法的资料中可以看出，东尼·博赞并非发明人而是提出者，阿兰·M.柯林斯则被认为是思维导图模型之父。"谁

< 5 >

是发明人"这个问题在思维导图法的拥护者心中有着神圣的地位，因此，有必要通过相关文献寻找事实的真相。

首先，我们看一下 2018 年东尼·博赞的最新著作，这也是他生前最后一本著作，即《思维导图完整手册》(*Mind Map Mastery*)。书中第 42 页有这样一句话：

Mind Map is a natural evolution of human thinking.（思维导图是人类思考的自然演化。）

所以，东尼·博赞的最新观点是，思维导图是人类思考的自然演化。我个人的见解是，思维导图法与思维导图并非某一个人发明的，而是人类经过千百年共同积累下来的智慧。大家都是在前人的基础上对其不断地修正、发展，它是全人类共同的"智慧财产"！

虽然如此，还是有人认为思维导图就是东尼·博赞发明的，那么我们不妨先明确一下"发明"的定义。根据维基百科的定义，发明是一种"独特的、创新的有形或无形物，或指其开发的过程"。换句话说，发明是提出唯一的、有别于常规或常人思路的见解，利用现有的知识和物质，在特定的环境中，本着理想化的需要或为满足社会需求去改进或创造新的事物、方法、元素、途径、环境，并能获得一定有益效果的行为。

接着，我们通过相关文献梳理一下东尼·博赞提出的大脑记忆的原理、放射性思考模式以及思维导图的结构。

1. 关于大脑记忆原理的相关研究：

（1）1885 年，德国心理学家艾宾浩斯（Hermann Ebbinghaus）在《记

忆：对实验心理学的贡献》（*Memory: A contribution to experimental psychology*）一书中阐述了序列位置效应（Serial-position Effect），亦即首位效应（Primacy Effect）和近因效应（Recency Effect）在学习过程中是如何影响记忆效果的。

（2）1933 年，德国心理学家冯·雷斯托夫（Hedwig von Restorff）在心理学研究期刊中所发表的 *Über die Wirkung von Bereichsbildungen im Spurenfeld* 一文中说明了人类的大脑倾向记住一些特殊、与众不同的人、事、时、地、物等，这一结果被称为冯·雷斯托夫效应（von Restorff Effect），又称隔离效应（Isolation Effect）或新奇效应（Novelty Effect）。换言之，特殊的事物会吸引大脑的注意力，有助于将短期记忆转化成长期记忆。

（3）1968 年，倡导意义学习（Meaningful Learning）的美国教育心理学家奥苏伯尔（Ausubel, D.P.）在《教育心理学：一种认知观》（*Educational Psychology: A Cognitive View*）中指出，在学习过程中，只有将新学习的知识与学习者认知结构中既有的概念产生联结，才是有意义的学习行为，记忆的效果才会提升。

（4）公元前 500 年左右，记录孔子及其弟子言行的语录集《论语》中也明确指出"学而时习之"的重要性，也就是说，学习新知识之后，要经常温习所学的知识。

2. 关于放射性思考与思维导图方面的溯源：

中国古代《易传·系辞上传》中的"太极生两仪，两仪生四象，四象生八卦"，以及 20 世纪早期一些学者所研究的"信息组织图"（Graphic Organizer）都具备了放射性思考与思维导图的结构，例如：

- 美国加州大学伯克利分校心理学家爱德华·C. 托尔曼（Edward C.

Tolman）于 1948 年提出的"认知地图"（Cognitive Map）。

• 20 世纪 20 年代开始流传于质量管理界，在 20 世纪 60 年代被日本质量管理大师石川馨（Kaoru Ishikawa）发扬光大的"鱼骨图"。

• 美国康乃尔大学约瑟夫·诺瓦克（Joseph Novak）教授和他的研究团队，在 20 世纪 70 年代根据教育学者奥苏伯尔（David P. Ausubel）的理论所提出的"概念图"。

20 世纪 60 年代，美国西北大学的阿兰·M.柯林斯教授所研究的已经具备思维导图雏形的"语义网络图"（Semantic Network）。

关于某位学者提出一种工具或方法的时候，我们参考一下国外专业官网是如何阐述的：

维基百科描述认知地图与爱德华·C.托尔曼的关系：

A cognitive map is a type of mental representation which serves an individual to acquire, code, store, recall, and decode information about the relative locations and attributes of phenomena in their everyday or metaphorical spatial environment. The concept was **introduced** by Edward Tolman in 1948.

译：认知地图是一种心理表象，它的功能在于帮助个人从日常生活中的现象或隐喻的空间环境中，针对信息的特征属性对其进行获取、编码、存储、回忆和解码。这个概念是由爱德华·C.托尔曼于 1948 年**介绍**的。

维基百科描述概念图与约瑟夫·诺瓦克的关系：

< 8 >

Concept mapping was **developed** by Joseph D. Novak and his research team at Cornell University in the 1970s as a means of representing the emerging science knowledge of students.

译：概念图是在 20 世纪 70 年代由康奈尔大学的约瑟夫·诺瓦克和他的研究团队**发展**出来的，它可以帮助学生学习新兴的科学知识。

从维基百科或官网介绍中可以看出，对提出其他类似工具方法的个人或机构，不会用"鼻祖"（originator）或"发明者"（inventor）这样的字眼，而是采用"介绍"或"发展"这样的词语。

综上所述，东尼·博赞所提出的观点论述并不是物理定律，也不具备

图 1-1-2　作者（中）与东尼·博赞先生（右）在一起

独特性与创新性；在绘制思维导图的技术上，东尼·博赞提倡的是人造规则，并且在思维导图的样式上也进行了创新。因此，称东尼·博赞为"思维导图法的整合者，思维导图的发展者、修订者"更为贴切。

不幸的是，2019 年 4 月 13 日，东尼·博赞先生离我们而去了，现在我们应该把焦点放在他的主要贡献上。他从 1974 年起陆续出版一系列书籍，将这一方法传播、推广到世界各个角落，带动了更多学者投入这一领域的研究，正因为如此，我们今天才能了解和学习这个好方法。

思维导图法的概念性定义与操作性定义

在学习与应用思维导图法之前，我们有必要对其概念性定义（conceptual definition）与操作性定义（operational definition）进行全面的了解。

所谓概念性定义，是指使用概念的标准来说明重要名词的意义，换句话说，就是用下定义的方式表述概念的本质属性，解释概念的内涵。一般来说，字典上对词语的解释都是概念性定义。而操作性定义是指根据可观察、可测量、可操作的特征来界定变量含义的方法。思维导图法的概念性定义与操作性定义分别说明如下。

（一）概念性定义

思维导图法是一种有效提升大脑思考与学习能力的方法。

（二）操作性定义

1. 关键词

（1）关键词的词性：最主要的是名词，其次是动词，再辅以必要的修饰词，例如形容词、副词，甚至连接词、介词等。一张思维导图的详细或简单，取决于这张思维导图的使用者对该主题内容的熟悉度，如果他对此十分熟悉，内容就可以精简一点；如果他对该主题内容比较陌生，或使用的场景必须强调情绪感受或物质的大小、多寡、强弱等，则有必要增加一些修饰词。你可以精简某些词语，从中心主题往外延伸阅读下去，看看是否会影响自己对内容的理解，如果不会，就可以精简这些词语；如果精简词语之后会导致你对内容产生误解，那就必须保留这些词语，甚至还要再增加一些补充说明的词语。

（2）关键词的数目：由于思维导图法重要的理论依据之一是语义学，因此每条支线上的关键词的数量以一个为原则，特别是关于创意构思、工作计划、分析问题的思维导图。只有在整理文章笔记的时候，针对书名、篇名、章节名称、专有名词、标语或特定不可分割的概念等，才可以将两个或两个以上的词语写在一条支线上。

2. 放射性结构

（1）中心主题：它是一个思考主题、讨论的问题、书本或文章的名称，是向四周延展出更多内容的核心。它可以图文并茂，也可以只画一幅代表某种含义的图，也可以只写文字，这些都是由这张思维导图的使用目的决定的。

（2）展开的阶层结构：以扩张广度的水平思考、延伸深度的垂直思考来展开思维导图的树状结构与网状脉络。用树状结构表现类别的层次，也可以表示因果的关系、事物的描述或呈现对某些事物的联想。网状脉络是用关联线条指出不同树状结构之间的关键词的相关性（correlation），包括因果关系，或重复出现的事物、概念等；亦可用于指出统计上的相关性，如共变关系、相依关系等。关联线条的样式中，单箭头线条代表单向关系，双箭头代表双向关系，实线代表直接关系或强关系，点线代表间接关系或弱关系，虚线则用于不强调直接间接、强

< 11 >

弱性的情况。

（3）展开的上下文属性：无论是水平思考还是垂直思考，都包括自由式联想（free-associating）与逻辑性联想两种模式。逻辑思维包括归纳与演绎等方式。因此，工作计划、分析问题、事实描述等导图，偏向使用逻辑性联想；而创意构思或创意写作等导图，则偏向使用自由式联想。

3. 颜色

（1）文字、线条的颜色除了可以在视觉上直观地区分知识内容的主题、类别之外，最主要是情感表达，通过色彩表达自己对某一主题、类别内容的感受，以达到激发创意或加深记忆的效果。

（2）图像的颜色尽可能使用三种以上，彩色的图像不仅可以增强图片的美感和趣味性，也可以与同一颜色的线条、文字进行区别，达到吸引自己或别人注意力的目的，以增强记忆的效果。

4. 图像

（1）插图位置与数量：在思维导图中，我们只写重要的、必要的关键词。但思维导图法也强调，必须在特别重要的关键词旁加插图，以凸显出其重点中的重点的地位。在图像数量上，则必须根据实际需求来判断，由于每个人的背景知识或学习目的各不相同，即使是同一篇文章的思维导图笔记，每个人关注的焦点也会不同。因此，很难硬性规定一张思维导图中的插图数量。

（2）图像的象征：插图必须能够代表或让人联想到关键词所要表达的意义，这样才有助于创意的激发，强化大家对内容的记忆效果。

< 12 >

让思维导图更美观

除了中心图、主干、支干上的插图之外，一张思维导图是否美观，还取决于能否画出柔顺、匀称的线条。这不仅是许多初学者遇到的难题，也是有些人觉得思维导图不好用的原因之一。

如果用软件来绘制思维导图的话，线条就会流畅得多，推荐 iMind Map 这套绘制思维导图的软件，它可以帮助我们画出各种美丽的线条（如图 1-1-3）。

通过练习，手绘思维导图也能变得美观、协调。大家可以从书上或网络上选几张好看的思维导图，或把图 1-1-4 打印在几张 A4 白纸上，然后用彩笔练习勾画线条。多练几次，相信你也能画出流畅、匀称的线条。

< 13 >

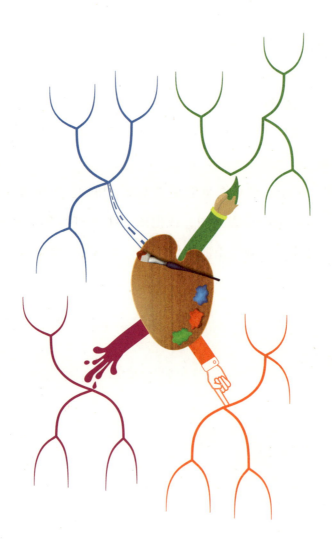

图 1-1-3 用 iMindMap 软件绘制出的美丽线条

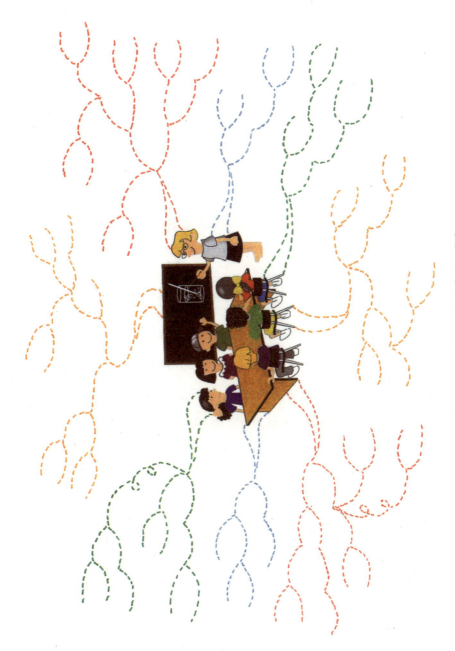

图 1-1-4 练习手绘思维导图的线条

< 15 >

2 思维导图法常见的使用误区与困惑

● ● ●

我从事思维导图法的教学已经 20 多年了，但是通过网络媒介，我得知不少人对思维导图法还有许多误解，其原因是很多人在使用它的时候陷入了误区，从而对思维导图法的使用产生了消极看法。我在之前出版的书中，罗列了不少思维导图法使用者的使用误区与困惑，在这里我想再用小部分篇幅说明一下思维导图法常见的五个使用误区。

你画的这张不是正宗的思维导图

在学习社群里，我们经常看到大家在讨论某些贴出来的思维导图。有人说，"这张不是思维导图""这张不能算是思维导图"。东尼·博赞在 2018 年出版的书籍《思维导图完整手册》中，甚至以一整个章节来说明具备哪些元素的图才是正宗的思维导图。金字塔图（Pyramid Diagrams）、网状图（Spider Diagrams）、概念图、鱼骨图、旭日图（Sunburst Chart）等都不是思维导图。

我个人认为，东尼·博赞之所以用这么大的篇幅阐述思维导图与其他各种图表工具的不同，可能与维基百科中的这段话有关：

Mind maps are considered to be a type of spider diagram. A similar concept in the 1970s was "idea sun bursting".

译：思维导图被认为是网状图的一种形式，在概念上与 20 世纪 70 年代的旭日图非常相似。

东尼·博赞在《正宗思维导图》一书中表示：

Witnessing the misuse and misinterpretation of Mind Map has, at times, felt a bit like travelling on a coach that's been held up by a highwayman; then watching a precious treasure being carried away and buried in the woods where it can't benefit anybody.

译：面对思维导图遭到误用与误解的现状，有时我会感觉自己像坐在一辆被拦截的马车里，眼睁睁地看着珍贵的宝藏被带走、被埋在森林里，任何人都无法受益。

看到网友的评论和东尼·博赞的观点，我很感慨，大家都陷入了符号、名称的争论中，却忽略了重点。我们应该关注的是，为什么自己要使用那张图，其中的元素、应用技巧能否给自己带来实质性的帮助。

2013 年，我分析了 99 篇有关思维导图法的硕博学位论文的内容，并据此发表了学术论文《台湾心智图法学位论文研究之分析》，该论文在 2016 年由师大书苑发表。从我的这篇论文研究中可以发现，有 13 篇实证性论文的研究结果显示，东尼·博赞所提出的思维导图是有其局限性的，并不是百分之百好用。有的论文研究者也指出，使用者必须根据实际情况和目的，对东尼·博赞的思维导图作出必要的修正，甚至要结合其他的方法、工具。因此，我在该篇论文中根据研究的结果正式为广义

< 17 >

与狭义的思维导图法作出了明确的定义。

所以，当人们在应用某种工具时，对其改良后发现效果很好，便使用与原有工具类似的名称，这其实是无可厚非的。只是一味地推崇东尼·博赞的思维导图，而排斥其他类似的图解思考工具，岂不是故步自封吗？

但是，在从事教学或学术研究时，我们就需要严谨一些，必须明确定义，说明是狭义还是广义的思维导图法，以哪种形式呈现、依据哪些原则操作、要达成什么样的目的，这样才不会让人混淆。

你画的只是知识树

首先，我们先探讨一下什么是知识树。17 世纪，英国经验主义学派哲学家弗朗西斯·培根（Francis Bacon）提出了知识树（Knowledge Tree）的概念。他指出知识是相互关联且有系统的结合，认为人类精神能力可分为记忆、想象与理性。历史源于记忆，诗词源于想象，而哲学源于理性。从培根的观点可以看出，知识树与我们今天所说的思维导图法有着密切的关系。

而与知识树功能类似的树形图、系统图、概念图等，也都比思维导图更早或同一时期出现在教育领域。今天，不少中小学教科书也以知识树的形式列出整学期课程的框架、整本书的目录，或在每一篇课文的前面画一张知识树或思维导图梳理课文的结构与主要概念。

如果学生在未经思考的情况下，没有根据学习目的将课文内容按照先理解要旨，再提取关键概念，最后重新组合的形式整理出自己的学习笔记，那么他就只是做了一个知识搬运工的工作。

如果能按照思维导图法的原则，善用提取关键词的技巧，将知识进

< 18 >

行系统的分类，梳理出其脉络与因果关系，它就能帮助我们掌握整本书或一篇文章的框架结构，提升我们对文章的理解。这样绘制出来的知识树包含着绘图者的思考。

究竟是心智图法还是思维导图

我们常看到一些机构的宣传文中这样写道，"思维导图在台湾地区被称为心智图法""思维导图又称心智图法"，这种说法似乎只是英文"Mind Mapping"不同的译法而已。其实不然，从文意上我们可以这样理解，"思维导图"指的是将思维导出为某张"图"，"心智图法"指的是以图的形式呈现心智的"方法"。所以，"思维导图"或"心智图"都是工具，"心智图法"是方法，两者之间不仅是名称不同，在内涵上也是有差异的。

针对"心智"与"思维"、"工具"与"方法"，本章会对其进一步阐述，在此仅将中英译名作对照说明。由于大陆地区普遍采用思维导图的中文译名，因此在本书中为配合读者习惯，均采用思维导图这个译名。

	方法	工具
英文	Mind Mapping	Mind Map
台湾地区译名	心智图法	心智图
大陆地区译名	思维导图法	思维导图

思维导图可以让思维无限扩张

东尼·博赞在他的书或视频中，不断强调大脑蕴藏着无限的潜能，思维导图可以让我们的想法从一个主题向外无限地延伸。这种观点是正

< 19 >

确的吗？有人质疑，这对项目管理、问题分析等不具有实用价值。

其实，东尼·博赞的说法没有错，质疑的人也没有错。为什么呢？只要明确了"自由式联想"与"逻辑性联想"的意义与功能，你就会恍然大悟。东尼·博赞在他的著作或演讲、授课中，都未能针对这两者的差异作出明确的论述，因而学习者误认为东尼·博赞的思维导图不仅对思维能力的提升帮助不大，而且可能因为过于注重自由式联想及图的美观程度，反而搞混了自己的思维。

在应用上，思维导图是一种自由度比较高的工具。东尼·博赞在其著作《心智图圣经》（*The Mind Map Book*）中指出，通过思维导图来记录我们头脑风暴的自由式联想，可以从一个中心主题联想出许多与它有关的想法（图1-2-1），从每一个想法又可以继续延伸出更多的联想（图1-2-2）。

图1-2-1　《心智图圣经》中以"快乐"为主题的自由联想：第一个层级

从这两张图可以看出，这是一个以"快乐"为主题的自由式联想的思维导图，它的确可以让我们的想法无限扩展。但由于它缺乏逻辑结构性，所以有些人才会认为东尼·博赞的思维导图不仅对自己没有帮助，反而容易使自己的思路更混乱。

< 20 >

图 1-2-2 《心智图圣经》中以"快乐"为主题的自由联想：展开更多个层级

其实，自由式联想适用于讲求创意构思的思维导图，例如创意写作时，可以用思维导图寻找灵感；设计产品时，可以用思维导图帮助自己寻求突破点等。

除了自由联想，思维导图也讲求严密的逻辑。例如，东尼·博赞针对层次结构和类别（hierarchies and categories）提出 BOIs 概念（Basic Ordering Ideas，基本分类概念）。BOIs 就是针对某个概念延伸出具有逻辑结构的想法，但是，东尼·博赞在其 1993 年出版的《心智图圣经》以及 2018 年出版的《思维导图完整手册》中，针对 BOIs 的逻辑结构的内涵，仅以大约一页左右的文字进行了说明，又没有绘出相关的思维导图将其展示出来。因此，读者容易忽略，即使仔细阅读，恐怕也无法真正理解东尼·博赞在逻辑联想这部分想要表达的涵义。

在此，我将东尼·博赞《心智图圣经》书中的文字内容以思维导图的方式呈现出来，希望能对大家有所帮助。图 1-2-3 是针对"机器"往

< 21 >

下延伸的联想；或针对某个主题，例如"机器"，找出它的上层概念"人工制品"，如图 1-2-4 所示。

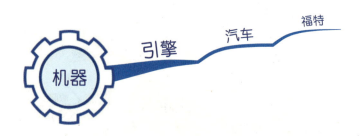

图 1-2-3　以"机器"为主题往下延伸的联想

图 1-2-4　从"机器"这个主题找出它的上层概念"人工制品"

从上述案例中不难看出，这两张图具有一定的逻辑性。同时，东尼·博赞在该书第 88 页中也说明，BOIs 层次结构和类别可用于搜集资料、整理图书的目录章节及设定目标等。可以看出，BOIs 层次结构和类别都被限定在某些思考方向或主题上，是一种有逻辑的思维结构。换句话说，逻辑性联想具有规范性，我们当然可以尽力考虑到各种可能性，但不能毫无限制地扩展下去。

但东尼·博赞在该书的 85—86 页再以"快乐"为主题，做出各种联想（图 1-2-5），虽然这个案例看似有点逻辑，但有些想法的逻辑结构似

< 22 >

乎没那么清晰，偏向自由联想。在此案例之后，作者说明了思维导图的模式可以发挥大脑放射思考的天性（radiant nature），释放大脑的无限潜能。由于书中的这个案例夹在两个逻辑性思考模式解说的中间，因此不少读者误以为思维导图法的逻辑不够严谨。

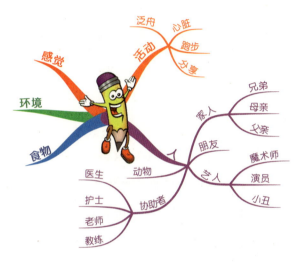

图 1-2-5　《心智图圣经》书中第 85 页以"快乐"为主题的联想

东尼·博赞在 2018 年出版的《思维导图完整手册》一书中所提出的案例全部都是工作或学习上的实际应用案例，也就是我一直强调的逻辑性联想或逻辑分类。如果读者有兴趣的话，不妨找来阅读。

一定要画很多漂亮的插图

或许有人听说过近年来东尼·博赞举办的"世界思维导图大赛"，网络上也流传着许多参赛者的思维导图作品。大赛规定在一张思维导图中，必须画一定数量的插图，这样才称得上是好作品。那些得奖作品中也的确有很多漂亮的插图，那些充满艺术感的线条，让人羡慕不已；不少人

< 23 >

还以推广手绘思维导图为己任。按理来说，这样美观漂亮的思维导图应该广受好评才是，但事实上，有不少企业高管、学校教师都不以为然。他们质疑，画那么多图，是要提升思维能力还是累垮自己？画那么多图真的能够提高工作效率吗？甚至有人说，干脆把东尼·博赞的思维导图放到美术课上教得了。

为什么他们会有这样的想法呢？究其原因，不外乎下列几点：

（1）有人为了把思维导图画得漂亮，过分注重插图的美观，将心思全放在画图上。这样一来，反而忽视了思维导图强化思维能力、提升读书学习效率的目的。

（2）不擅长画图的学生容易产生挫败感，他们会认为这个工具只适合美术高手。这对于思维导图法的推广产生了不小的负面影响。

（3）有人画出来的思维导图，文字内容过于简略、不精准，或逻辑结构不严密，无法体现出教学或学习的真正目的。

学习思维导图法不应只追求把思维导图画得漂亮，而应先掌握关键词、逻辑结构、色彩与图像的应用原则，并厘清逻辑性联想与自由式联想的区别与使用时机。然后再思考"可不可以把思维导图画得更美观一点"。如果你的绘画功底不错，那当然可以通过绘制思维导图展示这项天赋，而不太擅长绘画的同学可以试着参加简笔画的课程，让自己的思维导图学习笔记更具美感。不过，一定要记住，千万不要在画插图上花费过多的时间，我们的重点是训练思维，而不是把图画得漂亮。

近年来，不少有识之士颇为感慨，思维导图法在国内被过度商业化、被大肆炒作，甚至可以说被"玩烂"了。因此，除了避免陷入误区，我们要共同努力，将思维导图法扎根于心理学、管理学与教育学，在工作、学习中实践推广，尽最大努力服务于企业界、教育界等领域！

< 24 >

3 思维导图法的基础知识

● ● ●

知识是将大量情境性的复杂数据和概念进行编码和抽象化而形成的信息，基础知识则是教育的根本或起点。为了帮助大家有效地认识并使用思维导图法，在本节中我将说明一些基础知识。

策略、方法、工具

首先，我要说明什么是策略、方法、工具，帮大家区分"思维导图法"与"思维导图"这两个概念。策略、方法、工具的定义如下：

1. 策略（strategy）

策略是指目标的设定，以及达成目标的各种手段。换言之，就是针对特定的情境，用各种方法达成目标，例如学习策略、营销策略等。

2. 方法（method）

方法是为了达成某个特定的目的，用来实际操作的模式或步骤，包括使用的工具或技巧。换言之，就是解决问题的一系列步骤与过程。

3. 工具（tool）

工具是指能够帮助人们完成工作的器具，它可以是有形的器械，也可以是无形的智慧。相关研究指出，人类的大脑会把工具当成身体延伸出的一部分来使用。

思维导图法是一种能有效提升大脑思考与学习能力的方法，是一种动态思考的过程。思维导图法的主要工具是思维导图，但也可以使用思

< 25 >

维图、概念图、鱼骨图、曼陀罗九宫格等，这些都是静态的图，但这些图会随着大脑的动态思考而改变内容。

思维与心智

所谓思维是指在思考过程中组织我们的想法，它的功能在于认知周围的世界，并能对其作出诠释、描述，将其模型化，甚至能预测未来。它分为分析、综合、抽象与概括四种形式。从大脑智力而言，思维是比较偏向左脑智能的表现。

心智的内涵是心思、智慧，是人类智慧的表现与心理状态。而心理状态包括情绪、欲望、知识、价值观、意象、思维等。从大脑智力而言，心智则是左右脑智慧的综合表现。

从思维与心智的内涵中我们可以知道，思维真的很重要，所以"思维导图"这个名称确实能彰显它的价值与功能；但心智涵盖的范围不仅包括思维，也包括思维导图法中色彩与图像的功能，例如情绪表现、知识、价值观的判断等。

认知学习策略

心智包括思维，思维的功能在于对周围世界的认知。那么，认知的策略有哪些呢？根据教育学家理查德·E.梅耶（Richard E. Mayer）于 1987 年在《教育心理学：认知的方法》（*Educational psychology: A cognitive approach*）一书中指出的信息处理的观点，认知学习的方式有以下四种策略：

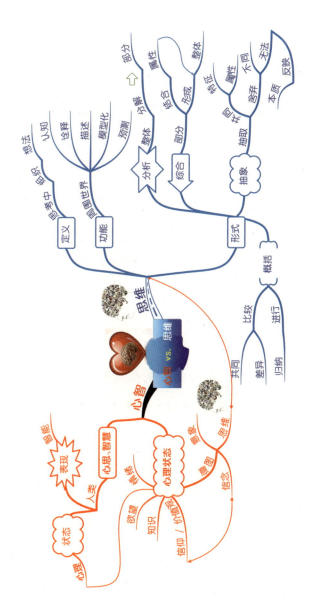

图 1-3-1　思维与心智

1. 复诵策略（rehearsal strategy）

将信息重复朗读或演练，使之在脑中活跃，从而产生深刻的印象。这个策略与孔子的"学而时习之"有异曲同工之妙。所谓的学霸，基本上都会用到这一策略。

2. 精致化策略（elaborative strategy）

利用有意义的图像或关键词等记忆线索将新知识与既有经验联结在一起，使之意义化。这一策略与美国教育心理学家奥苏伯尔（David P. Ausubel）提出的有意义学习理论（Meaningful Learning Theory）是一致的，强调必须从学习者的既有知识出发，配合其能力与经验，由学习者自行发现知识的意义，这样的学习才是有意义的学习。换言之，新信息若与学习者大脑神经系统中已经存在的认知结构相关联，便能有效地在大脑概念体系中扎根。

3. 批判思考策略（critical thinking strategy）

能够从整体观点描述事物、理解问题的定义，并从全新的角度或换位思考的角度，以理性、具有深度的模式判断知识的真伪。美国亚利桑那大学著名的英语教授德怀特·阿特金森（Dwight Atkinson）认为批判思考是一种社会实践（social practice），这一行为通常发生在我们遭遇到特定的文化两难或冲突时。美国心理学家罗伯特·斯坦伯格（Robert J. Sternberg）也提出类似的概念，称之为"实用智慧"（practical intelligence），意指人类会将一些智慧应用于生活经验中，以适应（adapt）、塑造（shape）及选择（select）我们所处的环境。因此，批判思考是提高情、智商的关键，也是重要的实用智慧。

4. 组织化策略（organizational strategy）

是一种帮助学习者储存及提取信息的好方法。此策略的特点在于将

< 28 >

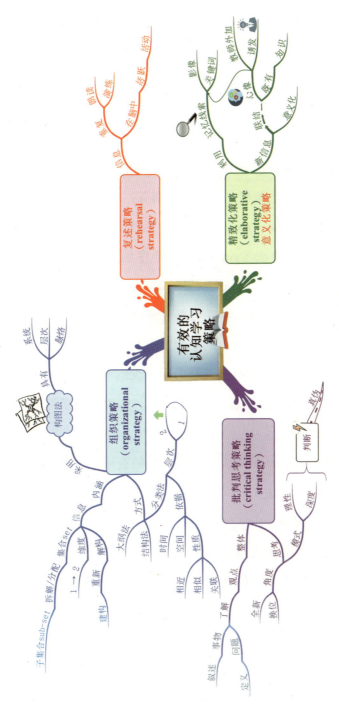

图 1-3-2 认知学习策略

相关信息以构图的方式系统，有层次、有脉络地整合到一起，亦即将原本只有一个维度的信息转换成两个维度。提倡"学习阶层论"的美国教育心理学家盖聂（E.D. Gagné）认为，组织化策略是一种将信息集合（set）中的各元素分配到不同的子集合（subset），并标明这些子集合之间的关系的过程。换言之，组织策略是将所要学习的信息内容解构之后再重新建构，把相似的几项组织到一起，再存入记忆。组织策略是难度比较高的一种信息处理策略，其方式分别有：

（1）分类法（classification）：包括类聚法（clustering）、串节法（chunking）、归类法（grouping）、排序法（ordering）、创建类别法（creating categories）等，都是把所要学习或记忆的材料，依时间、空间、性质相近、相似或关联等，加以切割、聚合或分类，将原本只有一个层次的学习材料转化成两个以上的层次，并以此种方式进行储存和提取。

（2）大纲法（outlining）：又分为主题大纲和句子大纲两种。大纲法可以利用文章中的主标题或副标题来组合，也可以依学习者对文章内容的了解而自行拟定。

（3）结构法（structuring）：与其相似的有绘图法（mapping）、图解法（graphing）、网络法（networking）、图表法（diagraming）、层次建构法（hierarchical structuring）等。

从上述相关学者对认知策略的描述可以得知，思维导图法强调根据学习的目的，以及学习者的认知提取有意义的关键词，并以绘图法、图解法等形式画出层次清晰、结构分明的思维导图，这不仅有助于加强学习者对文本的理解与复习记忆，也让学习者在学习过程中，更容易掌握知识的全貌、从更多的角度进行思考。因此，从思维导图法的操作性而言，它的确是一种实践认知策略的好方法。

阅读理解与知识提炼

1. 坎第的阅读理解四步骤

1991 年，南昆士兰大学教授坎第（Philip Candy）在《自我导向的终身学习》（*Self-Direction for Lifelong Learning*）一书中提出了培养阅读理解能力的四大步骤：

（1）快速阅读文章内容：以很快的速度浏览书中的结构、题材与内容，特别是主要的概念、理念、定义或图表、表格等。

（2）思考内容的结构与意义：着重于文字的理解、描述的理解与应用的理解三个层面，亦即掌握文章的结构框架、内容的描述与应用。

（3）提炼并组织信息：标示出文章中的主要问题、重要概念及支持性的证据等，并以摘要的形式组织信息。通过这个步骤，可以了解信息之间的相关性，以及与其他信息之间的相关程度。

（4）转化信息：从文章中能够清楚地理解作者所要传达的理念，并能够以自己的语言表达出来。

2. PQRST 五步读书法

坎第教授的阅读理解策略与多年来一直被广泛应用于应试教育的 PQRST 五步读书法有着异曲同工之妙。这个方法由托马斯·斯坦顿（Thomas F. Staton）提出，经过长期研究和实验后，被公认为一种有效的读书方法，这也是美国教师最愿意推荐给学生的一种方法。PQRST 读书法的五步骤如下：

（1）预览（preview）：首先快速浏览要学习的课文，以及考试的题目要点，以对知识内容有初步的整体概念。

< 31 >

（2）提问（question）：通过提问的方式设定学习目标，这样可以增进对问题的理解。也就是读完某本书或某篇文章，你可以学到什么？你对什么问题感兴趣？作者想要告诉我们什么？

（3）阅读（read）：仔细阅读书中的文字，注意是否出现与学习目标相关的内容，拿出彩笔或荧光笔，以线条或符号标出关键词，并将内容重点及学习心得整理成读书笔记。

（4）总结（state / self-recitation / summary）：总结一下所学的重点，以自己的理解、表达方式重新叙述，并确认自己是否正确、完整地掌握了所学习的知识内容。

（5）测验（test）：对所学的内容进行复习与模拟测验，并检查提问阶段提出的学习目标是否达成，若有不足之处，应予以补充。

3. KMST（知识地图学习法）

除了坎第教授所提出的阅读理解四步骤，以及斯坦顿博士 PQRST 五步读书法，2014 年我进一步归纳整合了美国俄亥俄州州立大学心理学教授罗宾逊（Robinson）所提出的 SQ3R（Survey, Question, Read, Recite, Review，分别代表浏览、发问、阅读、复述、复习）、美国康乃尔大学的 OK4R（Overview, Key idea, Read, Recall Reflect, Review，分别代表总览、要点、阅读、回忆、思考、复习）、东尼·博赞与诺斯（Vanda North）的 MMOST（Mind Map Organic Study Technique，是将思维导图与阅读结合起来的高效学习技巧）、德国格吕宁学院的格吕宁学习法等理论，加之自己多年的实践应用与教学经验，提出了"KMST（知识地图学习法）"。这是一种结合速读、笔记与记忆的全脑式学习法，旨在让学生在高阶的认知过程中，通过使用高层次的阅读理解策略达到自我导向学习的目的。

相信每一个人都能理解，知识、技能需要不断被补充与修正，才能

< 32 >

更加符合实际需求。"KMST（知识地图学习法）"自发表以来，确实帮助不少高中及以上的学生大幅提升了学习成绩，顺利考上了理想的大学、研究生院及国家公务员。然而，我在近几年的教学和实践过程中发现，已经有必要对它的内容、步骤进行一些修订，以更加符合现代学生的需求。因此，在本书第二章中，我将提出并解说修订后的版本，即 KMST 2.0（Knowledge Mapping Study Technique 2.0）。

4 思维导图法的工具

●●●

思维导图能充分地应用左右脑全方位且多元的心智能力，因此它成为思维导图法的主要工具，也是狭义的思维导图法的唯一工具。东尼·博赞认为，只有思维导图才能充分发挥大脑的潜能，思维导图法只能使用他定义的思维导图。

但综合前文论述，东尼·博赞的思维导图并非完美无瑕，许多实证性论文的研究结果也显示，为了适应各种不同的实际情况、满足解决不同阶段问题的需求或适应不同年龄层的认知发展特点等，除了思维导图之外，还需要使用其他类似的图解思考工具，这就是我于 2014 年在《心智图法：理论与应用》一书中所提出的广义的思维导图法。在本节中，我将为大家说明广义的思维导图法的工具。

思维导图

如前所述，思维导图在应用上是一种弹性较大的工具，因为东

< 33 >

尼·博赞并未对它的使用情境场合给予明确的界定，也未在操作上提出明确的定义。其好处是留给后续使用者更大的发挥空间，当你想要将大量的事物通过归纳或分析进行分类分级，描述其性质、特征或关联性的时候，皆能以思维导图来呈现；缺点是没有一定的准则，这对初学者或想要即学即用的人而言，具有一定的难度。因此，我以几个案例来说明思维导图在不同场合的应用，帮助大家快速上手。

归纳分类是对事物的性质特征观察之后进行归类，亦即从单一层次的信息中提取出上层概念，并构建两个以上的层次结构。被归于同一类的事物，彼此之间最少有一个共通点。例如，柳橙汁、西瓜汁、苹果汁的共同点是果汁（图1-4-1a），果汁、汽水与茶可以归纳为饮料（图1-4-1b），饮料、肉类、海鲜与蔬菜可以形成一张采购清单（图1-4-1c）。

图1-4-1a　思维导图：归纳为果汁类

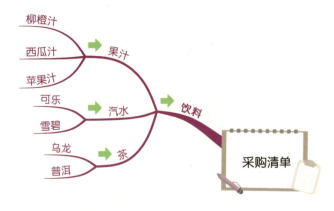

图1-4-1b　思维导图：归纳为饮料

分析分类是根据特定的方向或构面等条件，将整体分成若干部分、方面或层次等，其意义在于找出解决问题的轴线。例如美国心理学家威廉·马斯顿（William Marston）将人的行为模式分为四种，简称DISC行为分析模式，具体可参考图 1-4-2。我们可以把大群体中的人分成四种不同类型的小群体（图 1-4-3），这就是一种通过分析进行分类的方法。

关联是思维导图与概念图都具备的一项功能，它是以网状脉络的关联线条来说明在树状结构中彼此之间具有相关的信息，比如，顺序性、影响性（因果）或重复等。图 1-4-4 说明的是"鹰架理论"的内涵，它可以让大家对网状脉络关联线条的功能有一个初步的认识。

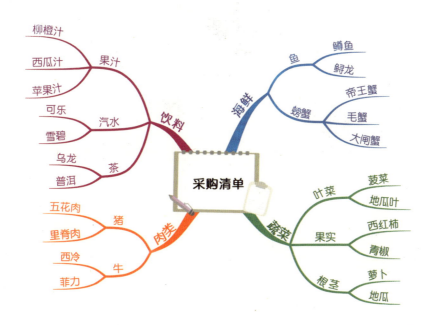

图 1-4-1c 思维导图：归纳整合其他类别形成采购清单

思维导图法的工具除了思维导图之外，还有哪些呢？接下来我将继续为大家介绍广义的思维导图法的几种好工具。

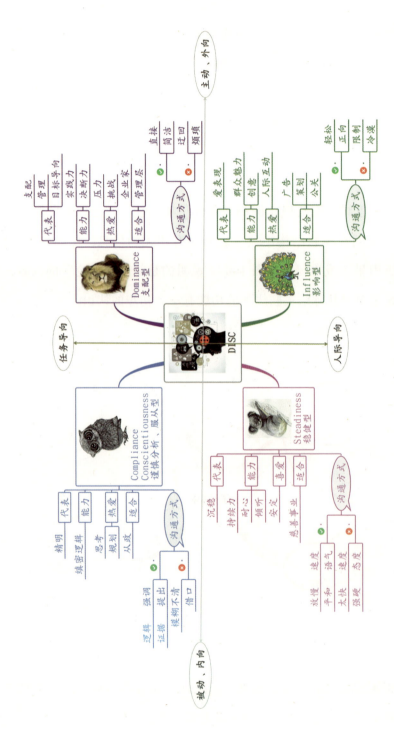

图 1-4-2　思维导图：描述说明 DISC 分析的内涵

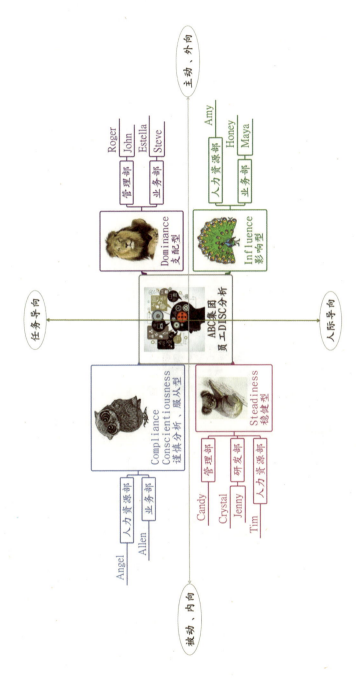

图 1-4-3 思维导图：以 DISC 分析说明 ABC 集团员工的四类行为模式

< 37 >

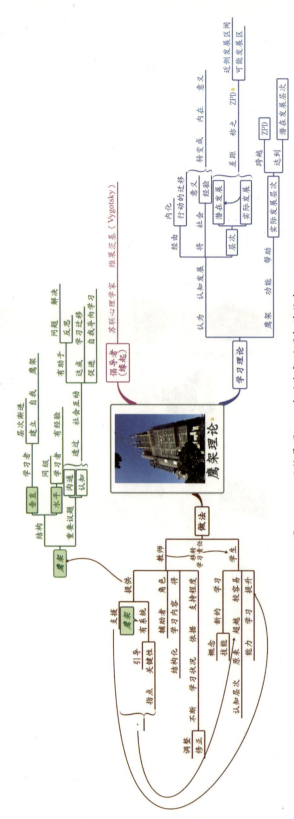

图 1-4-4 思维导图：以关联线条说明相关信息

脚手架理论

做法
- 教师
  - 角色
    - 辅助者
  - 学习内容
    - 结构化
  - 支持程度
    - 依据
      - 学习状况
- 根据学生
  - 学习者特性
- 学生
  - 学习
    - 概念
    - 新的
    - 技能
  - 较容易
    - 原来
  - 学习
    - 能力
  - 提升
    - 认知层次

支架
- 提供
  - 支撑
  - 脚手架
    - 有系统
  - 引导
  - 关键性
  - 不断
  - 调整
  - 修正

脚手架
- 垂直
  - 结构
  - 学习者
    - 层次渐进
  - 建立
    - 自我
  - 脚手架
- 水平
  - 沟通
    - 认知
  - 重要议题
- 同级
  - 学习者
    - 有经验
  - 通过
    - 社会互动
  - 有助于
    - 问题
    - 反思
    - 解决
  - 达成
    - 学习迁移
  - 促进
    - 自我导向学习

倡导者
（缘起）
- 苏联心理学家维果茨基（Vygotsky）

学习理论
- 认为
  - 认知发展
    - 经由
      - 内化
        - 行动的迁移
          - 将
            - 意义
            - 经验
          - 社会发展
            - 潜在发展
            - 实际发展
          - 层次
            - 潜在发展层次
            - 实际发展层次
        - 转变成
          - 内在
            - 意义
      - 差距
        - 称之
          - ZPD
        - 跨越
          - 达到
            - ZPD
        - 近侧发展区间
          - 可能发展区
        - 潜在发展层次
- 脚手架
  - 功能
    - 帮助

曼陀罗九宫格

在创造力训练的各种工具当中，曼陀罗九宫格（简称"九宫格"）是不可或缺的一项。它既能帮助你以从中心主题向四周扩散的方式做分类分析或进行广度的联想，也能帮你可以从中心主题出发，以一个循环的方式做问题的推演、进行深度的联想，或说明具有顺序性的事项。因此，曼陀罗九宫格也适合作为思维导图法的工具。

图 1-4-5 是以"食物"为主题进行的一个层级的扩散思考九宫格。

蔬菜	水果	糖果
海鲜	食物	饼干
肉品	饮料	面食

图 1-4-5 九宫格：一个层级的扩散思考

图 1-4-6 是以"食物—水果"为主题，进行两个层级的扩散思考九宫格，有些学者称这种结构模式为莲花图。

可以看出，九宫格的第一层就是一种水平思考的结构，从第一层、第二层等延伸下去就如同是一种分类的层次或垂直思考的结构。因此亦可以用思维导图的方式来呈现其中的内容（图 1-4-7）。

九宫格也很适合进行"虚实转换"的思考训练。图 1-4-8 是以具体的"宝马汽车"为主题，进行"实转虚"概念化思考的九宫格，图 1-4-9 则是以抽象概念"幸福"为主题，进行"虚转实"具体化思考的九宫格。除此之外，也可进行"虚转虚"与"实转实"的思考练习。由于利用九宫格的联想是比较个性化的，因此，其中的各种联想内容只要能自圆其说即可。

			草莓	榴莲	石榴			
	蔬菜		梨子	水果	橘子		糖果	
			香蕉	苹果	西瓜			
			蔬菜	水果	糖果			
	海鲜		海鲜	食物	饼干		饼干	
			肉品	饮料	面食			
	肉品			饮料			面食	

图 1-4-6　九宫格：两个层级的扩散思考

图 1-4-7　用思维导图呈现曼陀罗九宫格的内容

高贵	速度	耍酷
安全	**宝马汽车**	耗油
年轻	美女	帅哥

图 1-4-8 "实转虚"思考的九宫格

新房	家人	结婚礼服
手机	**幸福**	蛋糕
名牌包	钞票	咖啡

图 1-4-9 "虚转实"思考的九宫格

树状图

树状图的概念是 1965 年由美国麻省理工学院语言学教授艾弗拉姆·诺姆·乔姆斯基（Avram Noam Chomsky）提出的，树状图也称树状结构（Tree structure）。图 1-4-10a 是某一机构的组织结构树状图。

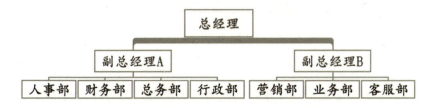

图 1-4-10a 机构组织树状图

树状图也适用于表示因果、连锁或目的与方法的关系，因此也成为质量管理界常用的工具。图 1-4-10b 树状图用来说明"提高业绩"的各种方法。

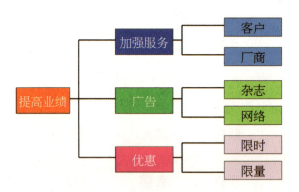

图 1-4-10b　说明目的与手段的树状图

概念图

概念图的结构从外观来看很像树状图，不少专家学者把它等同于思维导图，因此有必要为大家详细说明。它是从一个中心概念展开若干事实，把涵盖范围最广的概念或思考的主题放在最顶端，接着在下一个阶层写出次一阶的概念，或从主题延伸出想法，并以线条连接上下阶层的概念，也可以在线条上以文字说明两个概念之间的关系；继续往下，每个阶层也是依循这一原则一直添加，直到加上所有的重要概念。

20 世纪 80 年代，在教育领域，概念图已经广泛应用在教学与学习上。《学习如何学习》（Learning How to Learn）一书的作者诺瓦克（Joseph D. Novak）与古温（D. Bob Gowin）在 20 世纪 60 年代根据美国教育心理学家奥苏伯尔的学习理论，建议我们使用能够指出概念的有关顺序与关系的可视化图表作为教学及分析问题的工具，描绘这一过程的技术称为概念构

< 42 >

图，呈现出来的图称为概念图。

概念图的四个主要特征分别是概念（concepts）、命题（propositions）、交叉连接（cross-links）和层级结构（hierarchical frameworks）。"概念"是事物的规则或属性，通常是以名词的形式出现。"命题"是陈述事物的现象、结构和规则；在概念图中，"命题"是在两个概念之间，通过连接词形成一个有意义的关系。"交叉连接"是指出不同概念之间的相互关系。"层级结构"就是要把主要的、重要的、抽象的概念放在上层，从属的、较具体的概念放在下层。

概念图的结构包括节点、连线和连接词三个部分。节点是置于一个圆形或矩形中的概念文字；连线是指出两个概念之间的意义与关系，它可以是单向的，也可以是双向的，上层的知识、概念通常可以引出几个下层的知识、概念分支，不同知识领域或概念之间的联系就是交叉连接，或称横向联系，它指出了知识、概念之间的方向性；连接词是在两个知识、概念之间，写在那条联线上的文字。

从上述概念图的特征与结构中可以发现，它与思维导图非常类似，也是一种顺应大脑自然思维，即放射性思考模式的工具。与思维导图法的相似之处在于，概念构图也是强调在每个节点上的概念只提取关键词，要求我们在用概念图整理学习笔记的时候，主动思考文章中的旨义，以获取有价值的关键词。概念图不仅有助于逻辑思考，也能促进创意的激发，增进反思的能力，达到有意义学习的目标。

因此，概念构图是一种学习策略，也是后设认知的策略。如今我提出的比东尼·博赞的思维导图更具先进性与实用性的"孙易新心智图法"，有很多部分是结合概念图的理论改良出来的。图1-4-11即是以"食物的种类"为主题，简单示意概念图的特征与结构。

< 43 >

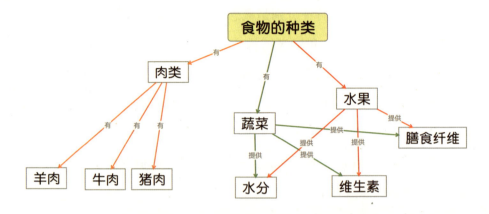

图 1-4-11　用概念图解说"食物的种类"

鱼骨图

　　顾名思义，鱼骨图的样式就像是一根鱼骨头，是分析问题、解决问题的图解思考工具。对问题、原因进行分类分析，并搞清其逻辑结构，有助于快速找出产生问题的原因并有效寻求解决方案。

　　鱼骨图在 20 世纪 40 年代开始逐渐应用于制造业，并被作为质量管理的工具之一。到了 20 世纪 60 年代，经过日本质量管理大师石川馨整合，被正式应用于川崎重工造船厂的质量管理流程中，因此鱼骨图又被称为石川图（Ishikawa Diagram），也有人称之为要因分析图或因果图（Cause-and-Effect Diagram）。

　　鱼骨图的鱼头通常表示某一特定的问题或问题的结果，而这根鱼骨的几个分支，就是造成此问题或结果的几个主要原因。由于鱼骨图是一个呈现结果与原因的图，因此它是分析问题与解决问题的好工具，也是项目计划中风险管理的主要工具之一。

　　鱼骨图是一种很容易上手的图解思考工具。首先，在向右方向的鱼头处写出待解决的问题或某一现象的结果；然后，从鱼的主干骨延伸出几个大分支，这些大分支就是造成此结果的几个主要原因；接着，从大分支延伸出若干中分支，这些中分支就是各个主要原因的次要原因；最后，再从中分支延伸出若干小分支，这些小分支就是次要原因的各个因素。在用鱼骨图进行思考的过程中，需充分运用互斥与穷尽原则（Mutually Exclusive Collectively Exhaustive，简写为"MECE"），也就是说，各因素不能重复且没有遗漏。

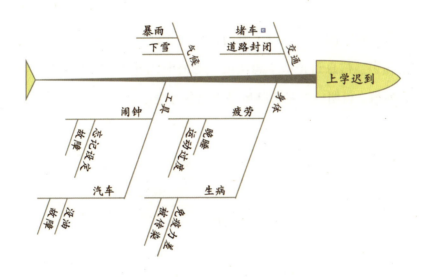

图 1-4-12　用鱼骨图分析原因

　　针对解决问题的方案分析，就可以采用鱼头向左的"反鱼骨图"。鱼头可以是分析问题中的某一大原因、中原因或小原因。在解决问题的鱼骨图中，大分支代表该问题原因的主要解决方案；中分支可以针对主要解决方案进行分类，也可以是描述该解决方案的各种做法；小分支则是做法的说明或依据。

< 45 >

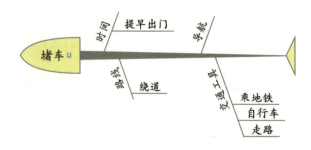

图 1-4-13　用鱼骨图分析解决方案

圆圈图（Circle Map）

圆圈图是美国学者大卫·海勒提出的八种思维图之一，是根据我们已知的知识、信息讨论一个想法或主题的图，也就是针对一个主题进行定义、列举、说明或通过头脑风暴提出各种想法。

图 1-4-14　圆圈图

圆圈图是由一个大圆圈和其内部的一个小圆圈组成的。在内部的小圆圈中写出讨论的题目或主题，大圆圈是用来书写从主题产生的各种想法的。

当我们对题目进行联想的时候，必须顾及全面性与多元性，所书写出来的关键词要简洁，且与小圆圈内的主题有直接关系。

气泡图（Bubble Map）

气泡图也是大卫·海勒提出的八种思维图之一。在气泡图中，可以用特定的形容词或形容词性的短语来定义或描述主题，其目的是用形容词来说明、辨认中心主题的特征、属性。

它的制作方法是，在中央的圆圈里写下主题，在围绕在它周围的其他圆圈（或称气泡）中写出描述主题的形容词，词语要简洁、全面。

图 1-4-15　气泡图

双重气泡图（Double Bubble Map）

双重气泡图又称维恩图（Venn diagram），是英国哲学家和数学家约翰·维恩（John Venn）在1881年提出的，它也被大卫·海勒纳入八种思维图。它是由两个部分重叠的气泡组成的，其功能在于说明不同的事物集合之间的数学或逻辑关系，尤其适合用来表示集合或类别之间的"大致关系"，或说明两个主题之间的异同。

在两个气泡重叠的部分写下两者共同或相似的概念，在没有重叠的部分写下两者各自的特性。

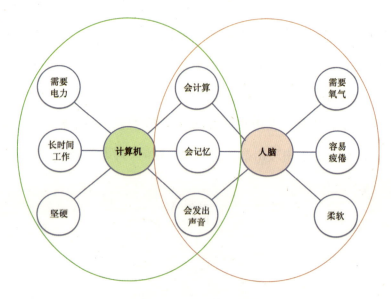

图 1-4-16　双重气泡图

树形图

在分类和组织信息的时候，树形图是一种很好用的工具，在生活中也能处处见到它的身影。例如博物馆的解说广告牌、教科书中的知识梳理，以及我们传统的家谱都是树形图的各种应用形式。它也是美国学者大卫·海勒所提出的八种思维图之一。

它与树状图在逻辑结构上非常相似。它的基本的结构是，最上面的部分是大类概念或主标题，下一层是小类概念或子主题，在小类概念下方我们可以写相关指令、清单、陈述。在进行分类的时候，同一个层级必须是同一个逻辑属性，同时要遵循不能重复且没有遗漏的互斥与穷尽原则。

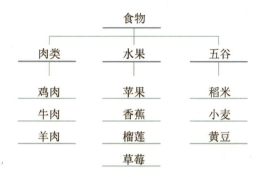

图 1-4-17   用树形图介绍食物种类

流程图（Flow Chart）

在项目管理的各种工具中，流程图算是使用频率最高的一种了。它是用来表示工作流程或算法的一种图标工具。其特点在于用不同的图形符号代表不同种类的工作步骤，每两个图形符号之间则以箭头线条进行联结，以表达解决问题的决策步骤，或进行任务的顺序，每个步骤之间的顺序串联就是流程。它也被美国学者大卫·海勒纳入八种思维图。

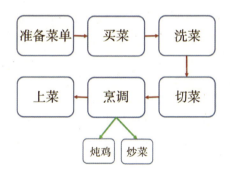

图 1-4-18   顺序步骤流程图

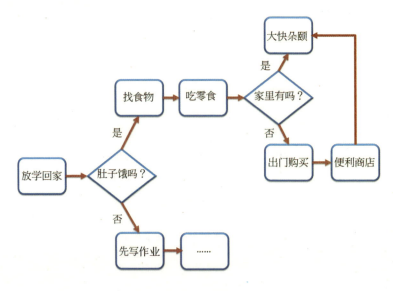

图 1-4-19　决策判断流程图

多重流程图（Multi-Flow Map）

多重流程图是用来说明因果关系的工具，它将原因、事件与结果以流程的方式来描述。它也是美国学者大卫·海勒所提出的八种思维图之一。

分析因果关系时，要从多个角度进行合理、深入的分析，文字描述要简洁、清晰且完整，以便得出结论或产生新的想法。

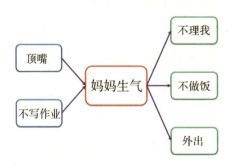

图 1-4-20　多重流程图

括号图（Brace Map）

括号图是通过拆分的方式来分析问题或说明物质的组成的，它也是美国学者大卫·海勒提出的八种思维图之一。对其进行拆解时，必须符合科学常识，要求合理且完整。括号图与树形图一样，层级的划分要合理，同一个层级的概念必须是同一个逻辑属性。

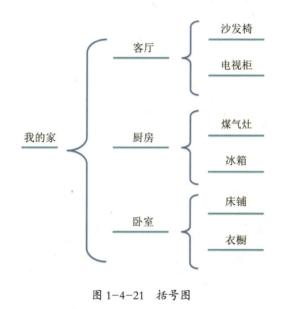

图 1-4-21　括号图

桥形图（Bridge Map）

桥形图也被大卫·海勒纳入八种思维图。桥形图是通过比喻或模拟的方式来构建不同事物之间的关系或说明事物之间的相似性的。对于儿童来说，创造模拟的能力是语言发展的重要组成部分，桥形图更容易帮助孩子内化自己习得的知识。

图 1-4-22　桥形图

5 如何评量思维导图的优劣

● ● ●

关于这个问题，我原本不想拿出来探讨，但因为有了思维导图大赛的活动，许多学生、家长甚至教师都来咨询我，如何准备才能在锦标赛中脱颖而出。那么，如何评量一张思维导图的优劣呢？

当然，这也是一个有趣的现象，似乎从来没有听说过鱼骨图大赛、概念图大赛、逻辑图大赛等思维工具的比赛，但我却在 1998 年参加了在英国伦敦举办的、由东尼·博赞先生发起的首届世界脑力大赛思维导图锦标赛，虽然成绩未能进入前三名，但我乐观地自我勉励："我是亚洲冠军！"因为全亚洲只有我一个人参加了比赛，勇气可嘉。

近年来，思维导图锦标赛在国内引起了大家的关注，不少人对其很支持，甚至组织学生报名参加。他们认为参加比赛不仅可以欣赏优秀的作品，更能激发学生使用思维导图的热情，有助于这个工具的推广。我自己也曾在 2005 年与 2006 年分别应邀前往香港地区担任第一届和第二届"全港中小学 Mind Mapping 心智图法比赛"总裁判，以及 2011 年在台湾地区，由中华心智图法研究发展协会和国际青年商会城中分会共同举办的"第一届全球华人心智图法金头脑大赛"总裁判。

从推广思维导图的角度来说，举办比赛确实有其正面的意义，但也有一部分人对其持怀疑态度，他们主要质疑评量参赛作品一致性（信度，reliability）与准确性（效度，validity）。更有人认为那只是一场画图比赛，因为从得奖作品来看，绘画技巧不好的人基本与奖项无缘。

图 1-5-1　作者孙易新参加 1998 年伦敦首届世界脑力大赛思维导图锦标赛

我曾经仔细研究过获奖作品，其内容与逻辑结构都是不错的，获奖也是当之无愧的。但我们要进一步探究的是，画出的这张思维导图究竟是侧重于思维的过程，还是实践的结果呢？该如何评量一张思维导图？在本节中，我将从结果论与过程论两方面为大家进行说明。

结果论与过程论的观点

如何评量一张思维导图？这个问题可以从结果论与过程论两方面来分析。

从结果论的观点来看，首先我们要清楚画这张思维导图的目的是什么，只要能达到目的，那就是一张好的思维导图。这么说是因为各个学派、不同学者都有各自独特的价值观，因此追求的学习目标与目的亦是多元、有差异的。

假如你的目的是提升成绩，并且你通过画思维导图达到了目的，那么不管你的思维导图是美是丑、逻辑结构是否符合常规，都可以算是好的思维导图；如果你的目的是怡情养性、发"朋友圈"，那么能让自己觉得舒服、引来大量点赞与评论的也可以算是好的思维导图；如果是为了熟悉绘制思维导图的技巧，那么能正确依照思维导图法的规则来绘制，就是好的思维导图；如果是为了参加思维导图大赛，依据评审的标准来画图，最后顺利得奖，那当然也是一张出色的思维导图。

如果从过程论的观点来看，则不必在乎结果如何，过程论重视的是绘制、使用思维导图的过程，以及过程中的感受与收获。

是结果重要还是过程重要？这一直是哲学领域探讨的问题。针对这个问题，我们不妨先从教育的角度说明一下教学评量的目的。评量是根据教学目标对学生学习结果进行综合性评价的过程。对教师而言，它可以帮助自己检查自己的教学效果；对学生而言，它可以帮助自己了解学习的情况。至于评量的方式，依据教学目的的不同会有不同。

思维导图法是一种方法，思维导图是一种工具，学生学习之后，是否熟悉这个方法、能否善用这个工具，决定了其最后能否增强学习与思考的能力，并提高学习成绩。换言之，思维导图法的评量应同时考虑并包含结果论与过程论，因此大致可以有下列四种评量的类型，分别是能力性评量（Proficiency Assessment）、诊断性评量（Diagnose Assessment）、形成性评量（Formative Assessment）、与总结性评量（Summative Evaluation），其内容如图 1-5-2。

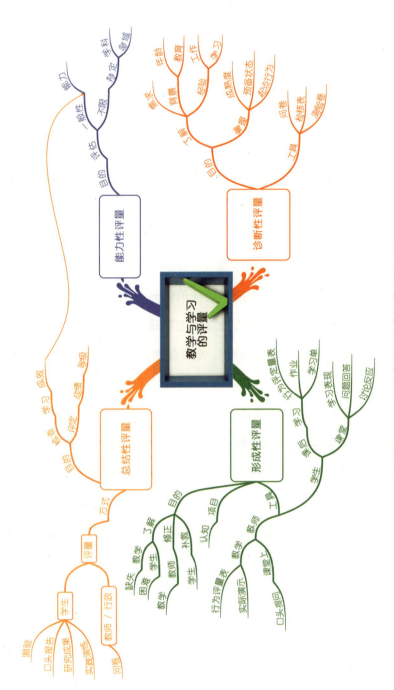

图 1-5-2 思维导图法教学与学习的评量

（一）能力性评量

可以了解学生是否具备绘制思维导图与使用思维导图法的能力，它与总结性评量的目的相同，都是检查学生学习思维导图法的成效的。

（二）诊断性评量

让教师知道学生未学习之前的状态，以便检查其在学习的过程中是否有进步。只要有进步，那学生绘制的思维导图就是一张好的思维导图，是值得鼓励和表扬的。

（三）形成性评量

在学习的过程中，通过课堂表现、学习作业等来了解学生的状态，它可以作为修正教学的参考依据。同样的道理，只要每张思维导图都比上一张逻辑更清晰合理，提取的关键词更精准，色彩更贴切，图像与文字内涵更具关联性，以及插图摆放位置更合理，都是好的思维导图。

（四）总结性评量

让学生以学科内容进行思维导图笔记演练，并测验其学科学习成效。它可以用来检查学生的学习成效与评定学生的成绩等级。学生将思维导图法作为学习策略之后，学习是否有进步，是学生、家长与教师共同关注的问题。因此，我针对总结性评量的项目与做法，进一步为大家做详细说明，并以此作为教师教学或思维导图锦标赛主办机构与评委裁判的参考依据。

总结性评量的项目与做法

总结性评量是在学生学习思维导图法之后进行的评量，其评量内容应包括绘制思维导图的过程、思维导图作品的产出及产生的实质效益这三大项目。

（一）评量绘制思维导图的过程

评量绘制思维导图的过程，教师或评委必须在学生绘制思维导图的过程中检查学生的每一个步骤，看他们是否掌握了思维导图法的基本原则。

（二）评量思维导图作品

思维导图作为学生读书学习的工具时，其作品不作为评量的重点，教师、家长关心的是学生的成绩有没有进步。但是对思维导图锦标赛来说，判断作品的优劣就成为排列名次必要且重要的一步。

评量思维导图作品除了根据绘制思维导图的规则，检查中心图的绘制、线条的样式、文字的大小与书写的方向位置、线条与文字的颜色运用等是否达到标准之外，更重要的是针对不同类型的文章或主题，根据不同的目的，去判断思维导图中的文字、逻辑结构与插图是否恰当、合适。这一评量必须进行科学化的评量，否则比赛将失去"思维重于绘图"的核心价值。判断思维导图中出现的文字、逻辑结构与插图是否恰当，有以下两个阶段。

阶段一

根据所要绘制思维导图的文章（或阅读笔记），至少聘请三位以上（含三位）的学科专家共同讨论决定出一位学生初学该知识内容且要进行学习后的测验，评量的内容项目有以下三项：

（1）该篇文章应采取何种概念模块较合适？内容如何分类较合适？有几种分类方式？每一个大分支之下，应如何展开第二层级、第三层级等的概念模块或分类结构？

（2）文章中哪些关键词是必要的？哪些是可以省略的？

（3）必要的关键词中，哪些关键词才是整篇文章的重点或考点（也就是要加上插图的地方）?

阶段二

学科专家与思维导图法专家针对学生所绘制的思维导图作品共同进行下列三项评量，每个项目的分数越高（接近 1），代表其思维导图制作得越好：

（1）是否能根据文章的类型、题材或学习的目的，做出合理且符合专家建议的概念模块或分类结构。

①概念模块的正确性。

$$分数 = \frac{正确的概念模块项目}{学科专家建议的概念模块总项目} - \frac{不正确的概念模块项目}{学科专家建议的概念模块总项目}$$

②逻辑分类的正确性。

$$分数 = \frac{正确的逻辑分类组数}{学科专家建议应注意的逻辑分类组数}$$

（2）关键词的正确性。

$$分数 = \frac{书写出应有的关键词数量}{全文中应有的关键词数量} - \frac{书写出不应有的关键词数量}{全文中不应有的关键词数量}$$

（3）插图的正确性。

$$分数 = \frac{插图出现在应加上插图关键词的数量}{应加上插图的关键词数量} - \frac{插图出现在不应加上插图关键词的数量}{不应加上插图的关键词数量}$$

评量思维导图产生的实质效益

最后，我们要把重点放在通过思维导图的学习笔记是否对知识的吸收产生了实质的效益。以学生的学习而言，最直接的就是检查学科成绩是否进步了，或者是否顺利通过了某项考试。图1-5-3是我在2008年为了准备参加台湾师范大学博士班入学考试而整理的一小部分思维导图读书笔记，从中可以看出，这些思维导图并不华丽，尤其是用电脑软件整理的笔记，甚至连图像、颜色都没有，但是它们能够帮助我梳理学科知识，提升理解与记忆的效果，最重要的实质效益就是让我顺利考上台师大的博士班，那么这些看似不起眼的几张结构图，就是优秀的思维导图。

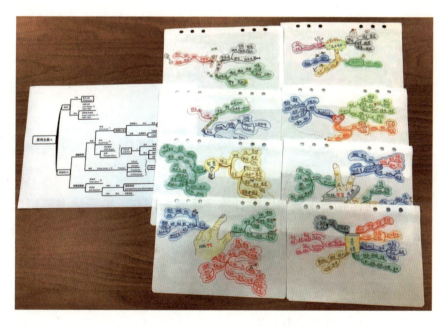

图1-5-3 准备台湾师范大学博士班入学考试的读书笔记

如果你打算进行实验研究的话，可通过事先规划好的设计，选择程度相同的两组学生，将其分为实验组与对照组。对照组依照平常的方式进行学习活动，结束之后进行测验考试，实验组学生则采用思维导图法学习同一篇课文，课后也采用相同的题目进行测验。然后将两组的平均成绩进行对比，看看使用思维导图法的实验组成绩是否优于采用传统学习方式的对照组。也可以访谈实验组学生，请他们谈谈用思维导图法进行学习活动的感受，这种方法分别产生了什么积极影响和消极影响。当实验组成绩确实优于对照组，或实验组学生产生了正向的感受，那么实验组学生所使用的就是对学习有帮助的思维导图。

倘若是一场思维导图大赛，则可选择一篇小众、复杂、有深度的文章，或由主办方邀请学科专家写出一篇虚拟内容的文章，让参赛选手在规定的时间内，以思维导图绘制学习笔记并针对该篇文章中的知识内容进行记忆、理解、应用、综合、分析评鉴等不同认知层次的测验考试，最终谁的分数高，谁就是思维导图锦标大赛的优胜者。

6 思维导图软件的应用

· · ·

中学生的作业不仅繁多，而且难度也越来越高，整理读书笔记，很难一次到位，常常需要修改、删除或补充。手绘思维导图固然有其优势，但是需要修改内容的时候，它就有局限性了。因此，我在本节中将为大家说明手绘与计算机绘制思维导图的优缺点与使用场合，并推荐几款适合中学教师与学生使用的软件。

手绘与计算机绘制思维导图

在《思维导图法应用宝典（修订版）》这本书中，我详细地说明了手绘与计算机绘制的优缺点与使用场合，在此我仅摘录重点以供大家参考。

手绘与计算机绘制思维导图的比较

	手绘思维导图	计算机软件绘制思维导图
优点	· 只要有纸笔，随时随地可使用 · 轻松愉快、无拘束地拓展思绪 · 能对内容产生深刻印象	· 可随时增补、删减内容或调整结构 · 以超链接方式指出不同概念之间的关系，或补充、延伸更多的信息 · 方便信息的查询与档案储存的管理 · 不擅长绘图者，也能画出符合自己需求的思维导图
适用场合	· 激发创意思考 · 强化内容记忆	· 梳理大量信息的知识管理 · 整理课文笔记，帮助阅读理解 · 教学方案的规划设计与课程引导

思维导图软件

目前市面上的思维导图软件非常多，常见的有 Mindjet 公司的 MindManager、SimTech 的 MindMapper、OpenGenius 的 iMindMap 与 Ayoa、NMS GlobalPty 的 Novamind、Match Ware 的 MindView、MindGenius 的 MindGenius、Mode de Vie Software 的 My Thoughts、CMS 的 iThoughtsHD、CSOdessa LLC 的 ConceptDraw，以及开放性的软件 Freemind、Xmind、DokeosMind 等。其中 Xmind、iMindMap 与 MindManager 是我常用的思维导图软件，也是我特别推荐给大家使用的。由于这三套软件的操作接

< 61 >

口、功能会随着版本的更新而有变动，因此在本节中仅略述其版面样式与操作上的注意事项。

（一）Xmind

在诸多思维导图软件当中，Xmind 属开源软件，它除了具备完整绘制思维导图的功能之外，还包括鱼骨图、信息组织图、树形图、逻辑图、二维表格等，可以满足一般用户的需求。初学者使用 Xmind 软件整理读书笔记的时候，建议采用"平衡图"（顺时针）这个结构。本书中有不少应用案例都是采用这款软件制作的，虽然它看起来不是那么漂亮，但是很清晰整齐，而且操作简单，学生整理读书笔记所需的功能，大致上都可以满足。

点击"平衡图"（顺时针）之后会出现选择风格的窗口，建议初学者选择"复古"这个选项，然后点击"新建"就可以开始制作思维导图笔记了。

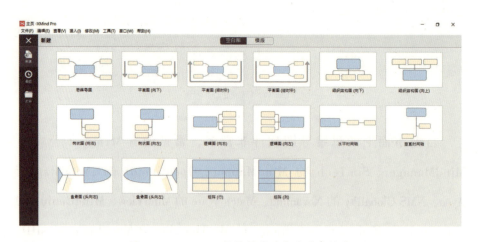

图 1-6-1　Xmind 软件提供的各种图表结构

每一款软件的操作逻辑都差不多，增加一个子主题（下一层主题），按键盘上的"Insert 键"（插入）；增加同一层的主题，按键盘上的

"Enter 键"（确认）；修改主题、线条等的格式，则点击右边工具栏中的"格式"，就会出现编辑结构、样式、文字、外形&边框、线条的选项。

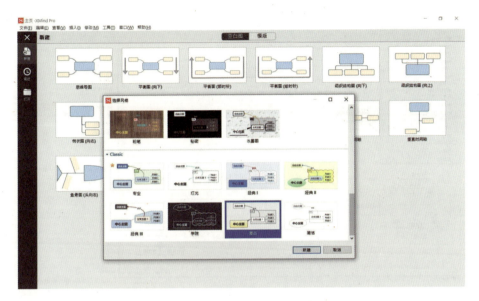

图 1-6-2　Xmind 软件提供的各种风格样式

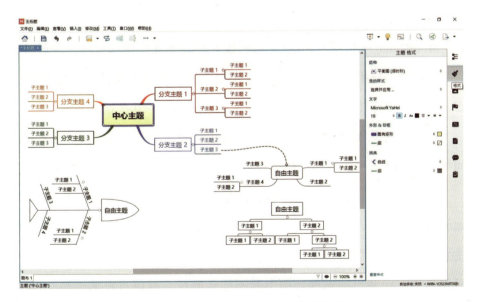

图 1-6-3　编辑 Xmind 软件中主题格式

最后要保存、打印、导出成图文件等操作选项都在上方工具栏的"文件(F)"中，操作的方式与我们熟悉的软件差不多。

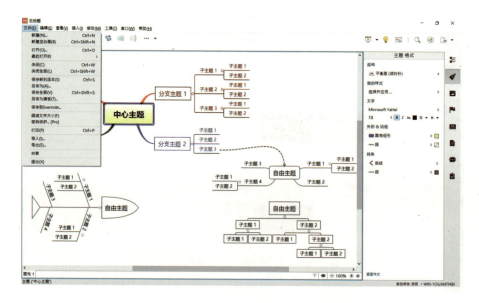

图 1-6-4 从 Xmind 软件中将思维导图保存、打印、导出成图

（二）MindManager

MindManager 是我从 2000 年就开始，至今仍在使用的思维导图软件。它功能齐全，应用广泛，特别适用于项目管理的规划与构思。其功能非常多，因此在操作接口与版面上会比较复杂，但多操作几次也就熟练了。

这套软件除了辐射状导图之外，还提供树形导图、组织结构图、时间线、流程图、概念导图、维恩图、洋葱图、漏斗图、矩阵图等模板。

一般情况下，我们会选择辐射状导图这个模板，接下来的操作与其他软件的逻辑、步骤都差不多。在此我要先跟大家说明一下，这套软件主要的优点是可以快速整理思路，在项目管理或搜集整理大量信息数据时很高效。绘制出的思维导图乍看不那么酷炫、颜值也没那么高，但结构却很清晰，因此，它深受职场人士的喜爱。

< 64 >

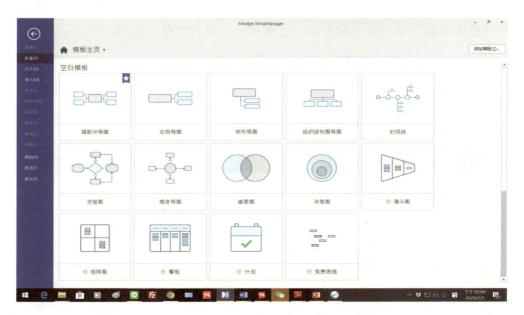

图 1-6-5　MindManager 软件提供的各种模板

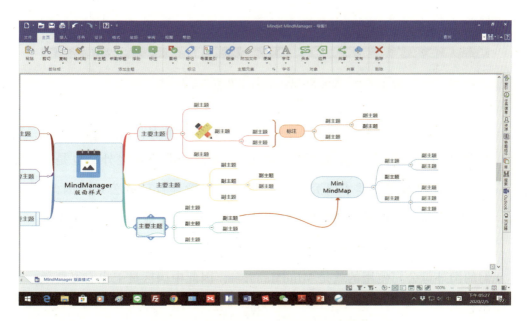

图 1-6-6　MindManager 软件的版面样式

新手可能不太会操作版面的设置与线条样式的调整，因为它分成"总体布局"与"副主题布局"这两部分，但只要每个选项都点击试试，然后设定一个你比较喜欢的思维导图基本样式，并把这个文件作为你的预设格式，存放在计算机桌面上，以后要使用这款软件的时候，只要打开桌面上的这个文件即可，免去了每次设定的麻烦。

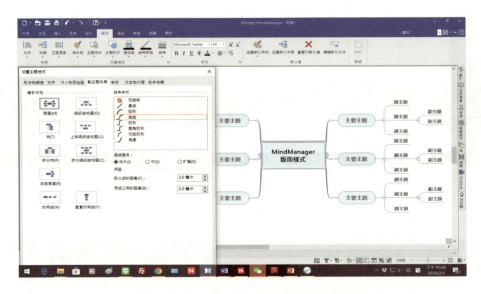

图 1-6-7　设定 MindManager 总体布局与副主题布局

这款软件我已持续使用了 20 余年，主要是因为它支持项目管理的各种功能。我除了讲授思维导图法的相关应用课程之外，也是一名企业管理顾问、学术研究学者，同时还要管理自己的公司。因此，MindManager 软件成为我惯用的好工具。不少跨国企业邀请我为员工作思维导图法的培训时，指定的教学软件也是 MindManager，这是因为他们的国外母公司使用的就是 MindManager，因此中国区员工也有必要熟悉它。

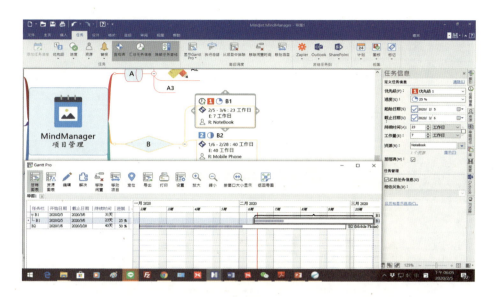

图1-6-8　MindManager软件支持项目管理的各种功能

（三）iMindMap

这款软件深得东尼·博赞的认可与大力推荐，因为绘制出来的思维导图具有手绘的效果，非常漂亮且有个性，又不失计算机软件的弹性与方便，东尼·博赞与格里菲斯等人从事思维导图法教学时，均以iMindMap为主要工具。

iMindMap也提供了几种模板供使用者选择，包括标准的Mind Map、快速捕获、辐射导图、组织图表、灵感触发、时间线等。

学生或教师使用这款软件时，可以先从"Mind Map"这个模板开始。然后选择一个与你的主题相关度高的中心图，如果软件所提供的核心图像没有合适的，可以先随意选取一个，之后在思维导图的编辑模式下，再替换成自己从网上下载的图片或照片。

进入编辑区之后，用鼠标点击选取中心图时，可以输入中心主题的文字，比如书名、文章名称等。

< 67 >

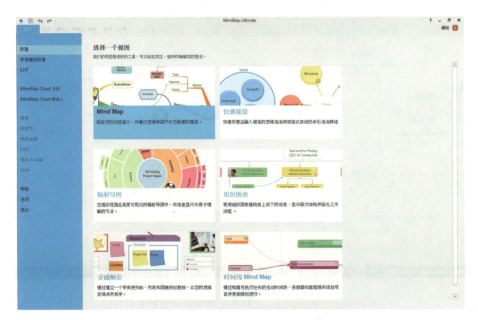

图 1-6-10　iMindMap 软件提供的模板

此时在中心主题的地方也会出现红心与橙色环，你可以用鼠标点击红心，往外拖拽即可增加一条线；点击橙色环，往外拖拽就会出现一条框形样式的线条。线条上的蓝色小圆圈是用来移动线条位置的，用鼠标点击，按住左键不放，将线条拖拽到你想要的地方去即可。也可以采用与其他软件相同的操作方式，想增加一个下一层主题就按键盘上的"Insert 键"（插入），想增加同一层的主题，则按键盘上的"Enter 键"（确认）。

我非常喜欢使用 iMindMap 这款软件，因为它除了可以用来制作教学课件，还有一个非常棒的功能，就是可以通过"插入—素描"功能，加上手绘的图像、公式，或像在纸张上绘制思维导图一般，任意增加手绘线条、文字、图像等。此外，也可以借由"插入—中心主题""插入—流程图"等特殊版面样式的功能，作为知识点的延伸或其他方面的知识解说。这款软件特别适合学生绘制读书笔记或教师制作教学课件。

< 68 >

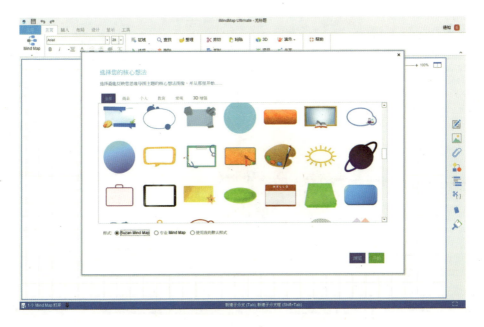

图 1-6-11　选择合适的核心想法图像

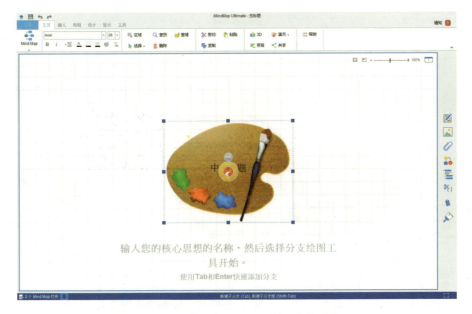

图 1-6-12　在编辑区开始绘制思维导图笔记

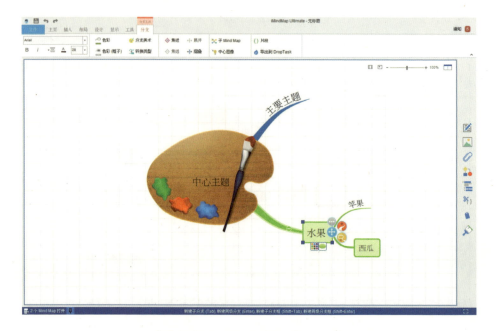

图 1-6-13　线条的增加与移动

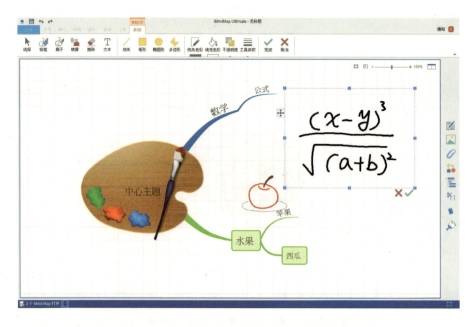

图 1-6-14　通过"插入—素描"的功能插入手绘图像或公式

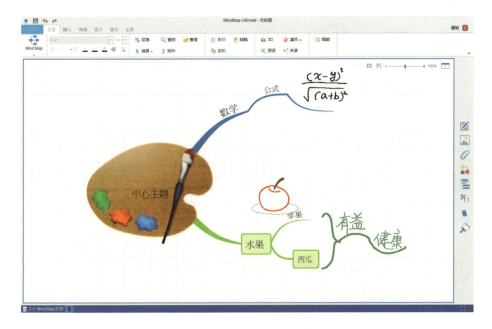

图 1-6-15　通过"插入—素描"的功能插入手绘线条与文字

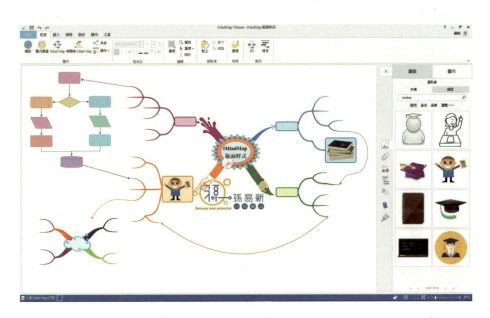

图 1-6-16　iMindMap 特殊版面样式

图 1-6-17　以 iMindMap 软件制作教学课件

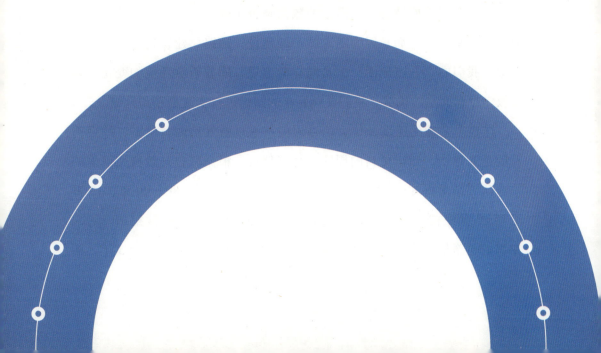

第二章

思维导图学习法

掌握好的学习方法，不仅能取得好成绩，而且能终身受用。特别是身处网络时代的我们，很容易获得各种各样的知识，而如何判断知识的真伪并从中筛选出有价值的知识是现代学生必备的能力。在快速变迁的现代社会中，为了解决不断出现的新问题，更新自己的"知识库"显得更为重要。在知识的吸收、整理、应用的过程中，掌握学习方法比获得的知识更有意义。

1 与时俱进的学习法

• • •

在本书第一章第三节中，我说明了"方法"，它是指解决问题的步骤与过程，如同"地图""作业手册"，它让我们清楚地知道自己身处何地、该往何处去。学习亦是如此，有效的"学习地图"能为我们指引正确的学习方向，让我们事半功倍。

有了地图就可以安心了吗？那倒未必。你还需要检查一下你的地图是否适用于当前的情境、地图上的数据是否正确。为什么卫星导航的资料需要经常更新？那是因为随着城市的建设，道路、建筑物会不断发生改变。我们的"学习地图"也是同样的道理，随着教学环境的变化，以及教学过程面临的挑战，我们要对原有的知识进行实时更新和升级。

在当今全球化速度加快、信息通信技术日益发达的背景下，社会的发展越来越快，知识更新的周期也越来越短。根据联合国教科文组织的一项研究结果得知，18 世纪时，知识的更新周期约为 80—90 年，19 世纪到 20 世纪初，知识的更新周期缩短为 30 年左右，20 世纪 70 年代，知识的更新周期为 5—10 年，到了 20 世纪 90 年代，则缩短为 5 年，而

21 世纪的今天，知识的更新周期已缩短至 2—3 年。随着知识的不断更新，我们面临的竞争也愈加激烈，要想保持自己的竞争力，就需要培养良好的思考力与学习力。

在本章中，我将为大家讲解我近年来从事教学与研究获得的成果，也就是更新了的"KMST2.0"与全新的"思维导图 RMMR 学习法"，以及能够提升阅读理解能力的思维导图学习法。这些方法适合每一位追求自我成长与面临考试压力的学习者。

2 KMST2.0（知识地图学习法 2.0）

● ● ●

2014 年，我根据自己多年的教学经验及相关的文献梳理，写了《思维导图应用宝典》一书，提出"KMST（知识地图学习法）"。经过近 6 年的实践，有必要根据实践过程中的经验和教训对其进行修正。因此，在本节中我将为大家讲解 KMST2.0，即知识地图学习法 2.0。

知识地图学习法 2.0 适合高中以上的学生，或要阅读知识容量大，并有一定深度的书籍（例如行政学、管理学、教育学、心理学等专业书籍）或写论文的人。此方法将学习分成三个阶段，分别是探索阶段、笔记阶段与记忆阶段。其内容与步骤如下。

探索阶段

为了实现见林也见树的系统化学习，掌握有价值的信息，避免浪费时间阅读、记忆不符合学习目标的内容，在花大量时间细读一本书或一篇长篇文章之前，可先通过下列三个步骤，掌握书本或文章的内容概要，并设定阅读该书（或论文）的学习目标。

（1）拿到一本书（或一篇论文）的时候，在看书名（或论文标题）、章节目录时先思考一下，自己已经对该主题了解了多少？如果你是作者，你会写哪些重点？以思维导图（手绘或电脑软件绘制皆可）的方式列出你设想的重点摘要。

（2）快速浏览一下整本书（或整篇论文），特别留意内容结构、标题、图表等，遇到不懂的地方或重要的信息，先不要停下来思考，只要在这一页贴个便签，以提醒自己这里有需要细读的内容，然后继续快速地把内容看完。

（3）思考一下作者想要表达的重点是什么？你可以从这本书（或这篇论文）中学到什么？以思维导图的方式列出你的学习目标与学习重点。此时，你可以根据下列其中一项或多项与第一阶段所完成的思维导图进行比较，看看哪些是你阅读之前就已经了解的内容。

① 作者所提示的学习纲要。

② 教师指定的学习主题或方向。

③ 题目、试卷的内容。

④ 自己关心的问题或想学习的内容。

笔记阶段

经过探索阶段之后，如果你觉得该书（或论文）值得进一步深入学习的话，就可以通过思维导图笔记来提取、组织信息。这一阶段不只是记录知识点，事实上，它还是一个可以提升自己对书（或论文）中内容的理解与记忆的有效过程。

（1）再次快速浏览一下整本书（或整篇论文），把阅读重点放在出现符合学习目标与学习重点的章节段落上。

（2）仔细阅读书（或文章）中符合学习目标、学习重点的内容，或探索阶段第二步骤中贴上便签的地方，并以逻辑结构的方式用荧光笔或彩色笔标出关键词。

（3）用绘制思维导图的软件将上一步骤标出的关键词整理转化成结构清晰、易懂易记的思维导图学习笔记，步骤如下：

① 确认核心主题：将文字或能够贴切表达书名或文章标题的图像作为中心主题。

② 掌握主要结构：通过学习（或教学）目标，选择所需章节、意义段或概念模块，将其作为展开的第一阶层的各个主要主题（主干线条上的关键词）。

③ 融入情绪感受：依据章节、意义段或概念模块的内容，将线条画上能代表自己感受的颜色。

④ 梳理细节内容：提取出必要的关键词，并依据内容的逻辑结构，分别从各个主要主题延伸出次要主题或内容细节。

⑤ 探索关联性：检查不同知识点（关键词）之间是否具有关联性，并以不同形式的箭头、线条标示出来，必要时可在线条上用文字作补充说明。

⑥ 凸显重点：检查思维导图中的内容，并在作者提示的重点、老师上课时强调的重点、考试中出现过的内容、自己容易遗忘的关键词上，插入相关联的图像，以强化记忆。

以上所述的绘制思维导图笔记阶段的六个步骤只是基本原则，在实践应用中，针对内容较多的情况，可同时进行第 4 到第 6 个步骤。

< 77 >

（4）通过与作者虚拟对话的方式，检查自己的思维导图的内容是否满足预期的学习目标，必要时，可以将思维导图学习笔记进行局部调整与修正。

记忆阶段

经过思维导图笔记阶段，书本（或文章）的基本内容已经可以记住了。但不排除有些地方容易混淆，难以记忆。因此，有必要通过知识地图学习法的记忆阶段来强化学习的效果。

（1）手绘思维导图：在笔记阶段用思维导图软件整理好的学习笔记中，如果有需要特别加强记忆的部分，就再以手绘思维导图的方式重新绘制一次。请注意，不要只看着电脑上的思维导图，将关键词一一抄写下来，而要一次多看几个关键词，将其组成一个有意义的片段，再凭印象把内容画出来。再次提醒，手绘思维导图不要只追求画出漂亮的图，而要在绘制的过程中同时复习并记忆图中的内容，其过程与电脑绘制类似，做法与规则如下：

① 以图文并茂的方式，在一张 A4 白纸上画出一个适当大小，能代表主题且能留下强烈印象的中心图（central image），它必须是彩色的图，并在图中适当留白，以书写主题文字。

② 选择、确认需要记忆的内容范围，并将内容分成几个有意义的段落或类别。

③ 先画出所有的第一层级。通过不同颜色绘制各个树状结构的线条或书写文字时，再次强化对该意义段或类别内涵的情绪感受。线条要与中心图连在一起，并且要由粗到细地从中心往外画，线条上的文字颜色

基本上与线条的颜色相同，若线条的颜色比较浅，则可以选择较深一点的颜色来书写文字。

④ 陆续完善每个意义段或类别之下的内容。这时，第二层级以下的线条一般粗细即可。方向朝上的线条画凸形，朝下的则画凹形。原则上，线条与文字的颜色与第一层级相同。再次强调文字必须要写在线条上。

⑤ 用电脑软件画的思维导图中，不同信息之间若有相关性，在手绘记忆的过程中，同样要画出单箭头或双箭头的实线、虚线或点线的关联线条。

⑥ 在特别重要的地方加上能让你对内容产生联想的彩色插图，以增强视觉效果，强化记忆。

（2）用相同或类似颜色的彩色铅笔沿着每一个主要主题所展开的树状结构的边缘，画一个包裹状的边界外框。通过这个过程，记忆这本书（或这篇文章）的几个主要概念或意义段。

（3）继续用相同或类似颜色的彩色铅笔沿着主干、支干线条由粗到细画出阴影效果。这样做除了能创造美感，还有助于记忆线条上的细节内容。

（4）同样以相同或类似颜色的彩色铅笔淡刷主干、支干线条上的文字，并再次记忆线条上的细节内容。

（5）以照相记忆的方式让思维导图可以浮现在自己的脑海中。

（6）将整理好的思维导图学习笔记，用自己的表达方式分享给学习伙伴。

（7）经常复习你的思维导图学习笔记，以强化对书本（或文章）重点内容的记忆效果。

为了帮助学生解决考试难题，我将在本书中介绍让学生考试必胜的思维导图 RMMR 学习法，并在下一节中为大家进行解说。

< 79 >

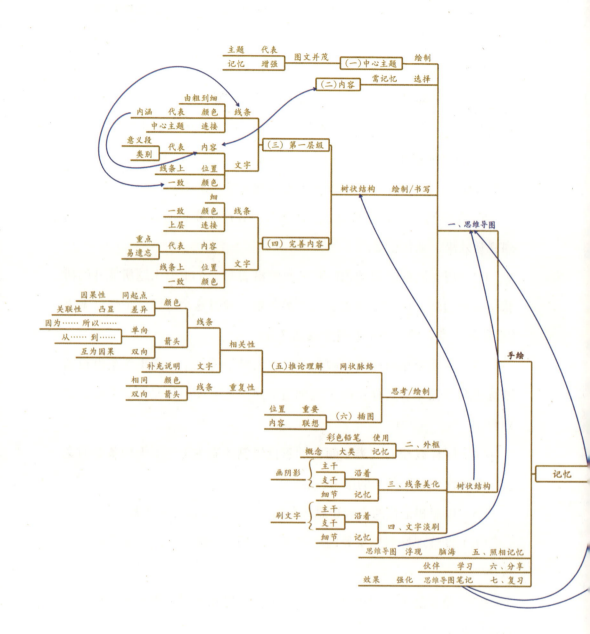

主题　代表
记忆　增强　图文并茂　（一）中心主题　绘制

需记忆　选择　（二）内容

由粗到细
内涵　代表　颜色　线条
中心主题　连接　（三）第一层级
意义段　代表　内容
类别　　　　　文字
线条上　位置
一致　颜色

细
一致　颜色　线条
上层　连接　（四）完善内容
重点　代表　内容
易遗忘
线条上　位置　文字
一致　颜色

因果性　同起点
关联性　凸显　差异　颜色
因为……所以……　单向　线条
从……到……　箭头
互为因果　双向
补充说明　文字　相关性
相同　颜色　线条　（五）推论理解　网状脉络
双向　箭头　重复性
位置　重要　（六）插图
内容　联想

树状结构　绘制/书写

一、思维导图

思考/绘制

彩色铅笔　使用
概念　大类　记忆　二、外框
画阴影　主干　沿着
支干
细节　记忆　三、线条美化　树状结构
刷文字　主干　沿着
支干
细节　记忆　四、文字淡刷
思维导图　浮现　脑海　五、照相记忆
伙伴　学习　六、分享
效果　强化　思维导图笔记　七、复习

手绘

记忆

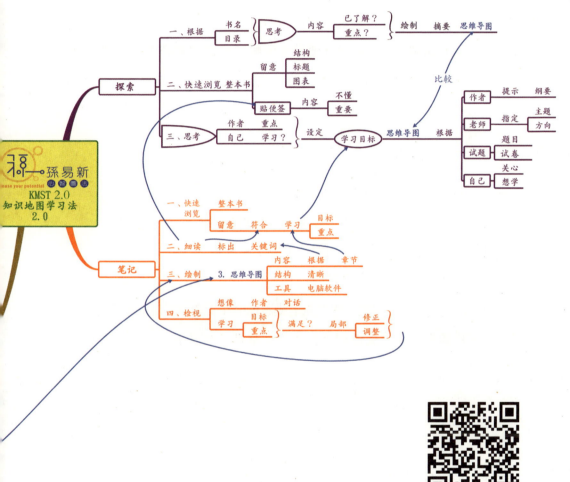

图 2-2-1　知识地图学习法 2.0

3 思维导图 RMMR 学习法

● ● ●

有效的学习必须有一套系统化的策略与方法，经由文献的梳理，以及我多年用知识地图学习法 2.0 辅导学生顺利通过知名高中、大学、研究生院及公务员和其他资格证考试的经验，我进一步归纳整理出阅读、笔记、记忆与修订四个阶段的思维导图 RMMR 学习法。

阅读阶段（Reading）

这个步骤相当于知识地图学习法 2.0 的探索阶段。

（1）快速浏览书本、文章内容，大致了解全貌。

（2）归纳分析出几个意义段。

（3）以逻辑结构的方式，用荧光笔或彩色笔在文章中圈出重点关键词。

（4）将圈出的重点关键词进行组织、整理，这属于下一个阶段——笔记阶段。

笔记阶段（Mapping）

这一步骤与知识地图学习法 2.0 笔记阶段中的第三步骤——以电脑软件整理读书笔记六个步骤的方式大致相同。

（1）确认核心主题。

（2）掌握主要结构。

（3）融入情绪感受。

（4）梳理细节内容。

（5）探索关联性。

（6）凸显重点。

再次强调，这六个步骤是基本原则，在实践应用上，第（4）到第（6）步骤可以同时进行。

记忆阶段（Memorizing）

这一步骤与知识地图学习法2.0的记忆阶段类似，将电脑软件所绘制的思维导图笔记内容以手绘的过程来记忆的方式也是相同的。

（1）手绘思维导图。

（2）在每一个树状结构上加外框线条。

（3）美化分支线条。

（4）淡刷文字。

修订阶段（Revising）

经过阅读、笔记与记忆三个阶段之后，我们应该有充分的信心走上考场。但我们是否真的掌握了课本中的重点内容呢？模拟考试是一个很好的检验效果的机会，我们可以从中看出，哪些考试重点是自己忽略的、误解的或没有真正记住的。然后根据模拟考卷中的错题，将第二阶段电脑软件所整理的读书笔记通过下列四个步骤，作出必要的修订。

（一）重点有无遗漏

检查错题的正确答案是否出现在你的思维导图笔记中，如果没有的

< 83 >

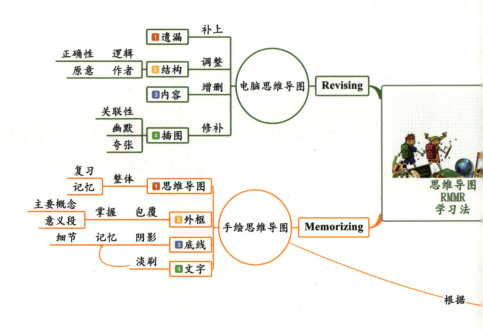

正确性　逻辑

原意　作者

关联性

幽默

夸张

1 遗漏　补上

2 结构　调整

3 内容　增删

4 插图　修补

电脑思维导图　**Revising**

复习

记忆　整体

主要概念　掌握　包覆

意义段

细节　记忆　阴影

淡刷

1 思维导图

2 外框

3 底线

4 文字

手绘思维导图　**Memorizing**

思维导图
RMMR
学习法

根据

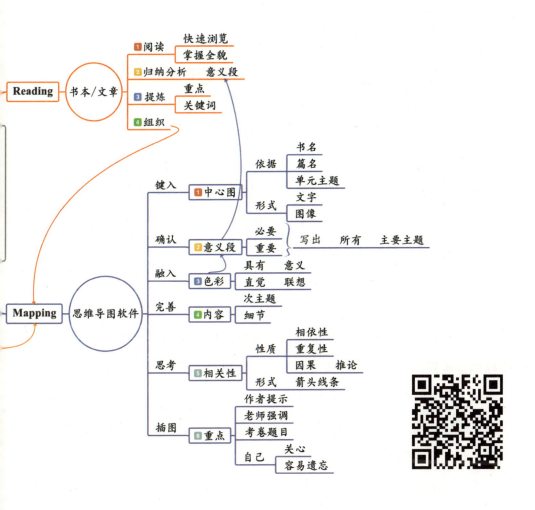

图 2-3-1 思维导图 RMMR 学习法

话，表示你当时认为它不重要或自以为已经很熟悉而忽略了。这时请赶紧将该考题的答案补充到你的思维导图中。如果错题内容出现在你的思维导图笔记当中，请接着看第二个步骤。

（二）逻辑是否正确

检查错题的内容在思维导图中的逻辑结构是否正确、有无误解作者的本意。如果有的话，请查清楚之后，调整思维导图中关键词的顺序位置或使用正确的词语。如果错题内容的逻辑结构都正确且没有误解作者的本意，请接着看第三个步骤。

（三）内容是否过繁或过简

检查错题的内容在思维导图中的关键词数量是否太多或太少。太多会影响记忆的效果，太少则影响理解，请作出必要的删减或增补。如果关键词的数量合适，请接着看第四个步骤。

（四）插图是否合适

检查错题的内容在思维导图当中是否加上了帮助记忆的插图。如果没有的话，赶紧加上与内容相关的图像。如果已经加过插图的话，思考一下插图是否跟内容不太相关或太过平凡。如果是，那就换一个比较幽默、夸张，又跟内容相关联的图像吧！

完成修订步骤之后，请再回到第三个步骤，以手绘思维导图的方式再次记忆修订后的笔记内容。

思维导图 RMMR 学习法是从知识地图学习法 2.0 衍生出来的方法，两者之间既有共同之处也有差异。思维导图 RMMR 学习法适用于应对考试、需要完整记忆单一主题或短篇文章的学生。

知识地图学习法 2.0 则适用于阅读整本书或学习大量的内容和数据，面对不同的学习情境，可以弹性调整探索阶段、笔记阶段与记忆阶段。

- 准备参加研究生入学考试、公务员考试的考生：建议依照三个阶段的步骤扎实地学习。

- 需要整理文献资料或搜集数据并形成自己知识库的人：只需进行到探索阶段与笔记阶段即可。在探索阶段中直接从第二个步骤快速浏览整本书，在第三个步骤设定学习目标时，也只要依据自己关心的、想学的内容即可。

- 想买书的人：只需在探索阶段的第二个步骤快速浏览整本书并留意书中的结构、标题与图表，并在第三个步骤中关注自己感兴趣、想学习的内容是否出现在这本书当中，以此来判断本书是否符合自己的需要。

4 帮助阅读理解的思维导图学习法

● ● ●

世界著名的评量研究机构"国际教育成就评价协会"（International Association for the Evaluation of Educational Achievement, 简称"IEA"）在 2011 年的"国际阅读素养进展研究"（Progress in International Reading Literacy Study, 简称"PIRLS"）评量手册的序言中明确表示，阅读是人们所有形式的知识学习的基础，更是国家社会经济发展的重要因素。

台北教育大学许育健教授进一步指出，在全球一体化时代，各国公民的知识水平代表了国家的竞争力，而知识的汲取来自国民的基本阅读能力。

阅读策略

　　一个六七岁的孩子，从背上书包进入小学的那一天起，就意味着要开始接受正规的义务教育了。从这一刻起，在其学习过程中就必须要学一些阅读方法和技巧，也就是我们常说的阅读策略，这样才能达到预期目标。好的阅读策略可以帮助孩子高效思考，将课本中的知识解构并重新建构，进行系统化的整合，将新知识与自身的经验产生联结，以便将新知识应用到以后的生活中。

　　台湾师范大学国文系潘丽珠教授认为，我们常用的阅读策略其实不是"策略"，而是"技巧（方法）"。这些常用的技巧包括速读、调整阅读速度、省略不读、自我发问、预测结果、选择性阅读、找出关键词、联想想象、做摘要、利用插图、再读一次、利用上下文、反复推敲、推论、同化、查资料等。

　　2010 年，"中央大学"学习与教学研究所柯华葳教授在阅读理解教学策略的研究中指出，若要提升学生对课文的阅读理解能力，只增加阅读时间是不够的，还必须善用阅读理解策略。因此，柯华葳教授自 2008年起，邀请大学教授与中、小学教师合作，开展了阅读教学策略开发与推广的计划。该研究团队在幸曼玲、陆怡琼、辜玉旻等教授的指导下，经过多年的中、小学教学实践，提出了阅读理解教学的五大策略，分别是预测策略、联结策略、摘要策略、摘大意找主旨策略与笔记策略。

　　上述五大阅读理解教学策略与本书知识地图学习法 2.0 中的探索阶段、笔记阶段的内涵有异曲同工之妙。此外，该研究团队还在笔记策略中特别指出：

笔记和阅读是一种双向的关系，从学生的笔记作品中，我们发现，做笔记的确能帮助学生增进对文章的理解，学生通过做笔记能试着将文章中的重要概念区分出来。另一方面，通过观看学生所写的笔记内容，我们可以了解学生对文章内容的掌握程度。

同时，辜玉旻教授在研究中也发现，面向小学生的笔记教学中出现的一些现象值得一线教师参考，其中包括上层概念不容易提取、笔记内容反映学生理解状况、笔记内容与形式的多元呈现、教学应该随时调整、给予充分的练习机会、选用练习教材的挑战等。

辜玉旻教授认为，在阅读过程中，学生若能随时监控自己的阅读理解能力，不断进行知识的组织和更新，将会有较好的阅读表现。看书时，做重点笔记除了能让学生在看书时更专心，还能帮助学生建构具体化知识。研究也发现，学生笔记的书写风格大不相同，其内容的表现形式更是五花八门。学生会依据自己的习惯来记笔记，也会采用符号或画图的方式呈现内容，笔记的符号表示方式极具个人风格，自创的符号图像对他人来说可能是陌生的，但自己却很熟悉，学生能根据这些独特的方式很快记住课文的内容。

由此我们可以理解读书时做笔记的重要性，但在过程中会遇到上层概念不容易提取的窘境，这是因为做笔记需要同时具备统整、归纳、提取的能力。如果只是记忆文章中的一些概念，那么学生对文章主题的认识将会是片段性的。如果能够通过多个概念归纳出一个大概念，那么学生就基本掌握了文章内容，这不仅有助于理解能力的提升，还有增强记忆的效果。

< 89 >

提取上层概念需要统整归纳的能力，这就要求首先必须读懂文章，然后再将文章中相似的概念聚集起来，并综合这些相似的概念提炼出一个更大的概念或标题。而完成这样的学习任务是需要辅助工具与方法的。

以思维导图作为阅读策略的工具

无论是潘丽珠教授所说的阅读策略内涵，还是柯华葳教授、辜玉旻教授的研究结果，都表明思维导图法是一种有效的方法与解决方案。

将思维导图法用于以说明为主的科学课（物理、化学、生物等）、社会课（历史、地理等）时，可将段落标题作为第一层的主要主题。至于语文课，则必须根据不同的文体和教学目标，用对应的概念模块从中心向四周展开下层概念；也可以从文章中的细节概念提取上层结构，由下层细节内容向上、向中心形成若干抽象的类别名称或涵盖范围较大的概念。

同时，用思维导图做读书笔记时，必须根据学生所具备的课文背景知识来确定关键词的多寡，审度提取的正确性，并使用对学生具有意义的符号或图像来强调文章中的重要概念。由于思维导图法是有效提升阅读理解的方法之一，因此在下一章中，我将根据不同年龄孩子的认知发展状况，以及其对思维导图法的熟悉程度，用实际案例来解说提升阅读理解的教学与学习策略。

第三章
提升阅读理解的思维导图结构与学习策略

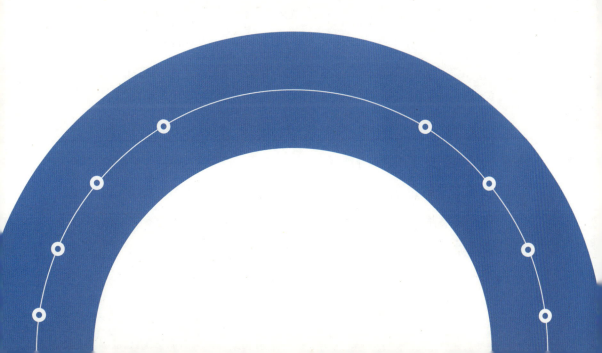

瑞士儿童心理学家皮亚杰（Jean Piaget）从人的认知层面观察自己的孩子，他将认知发展看成一个不断同化与调适的过程。他发现认知发展的过程大致可以分为四个发展阶段，分别是：0—2岁的感知运动阶段（Sensorimotor Stage）、2—7岁的前运算阶段（Preoperational Stage）、7—11岁的具体运算阶段（Concrete Operations Stage）、11—16岁的形式运算阶段（Formal Operations Stage）。

虽然在前运算阶段的孩子思考不合逻辑，也不能看到事物的全貌，但他们已经能够用符号来代表实物。因此，从幼儿园阶段开始，就可以让孩子接触认识世界的第一本书——儿童绘本，并将其作为学习思维导图法的材料。

孩子进入具体运算阶段后，尽管尚无法进行抽象思考，但其思维已经能将物体的某种属性作为标准，进行分析和排列组合，从而作比较；或把具有相同或相似特征的事物放在一起进行归纳。在进行分类时，他们已经具备区别主类（大类）与次类（主类中所包含的各次类）之间关系的能力。因此，在孩子的小学阶段，可以选择将课本中故事类的文章或主题式的说明文作为练习思维导图笔记的实践文章，等其技巧逐渐成熟可进一步以5W2H（Why, What, Where, When, Who, How, How much，分别是为什么，是什么，何处，何时，谁，怎样，多少）的模块来分析一篇文章。

到了中学，孩子开始进入形式运算阶段，抽象思考的能力开始逐步形成，倡导新皮亚杰主义的学者认为，皮亚杰的四阶段论不能涵盖孩子认知发展的全部过程，应该增加后形式思维（post-formal thinking）作为第五发展阶段，在这一阶段，思考形式应采取多元、弹性、因时因地制宜的模式。

相信大家都认同，思维导图法是一种可以有效提升阅读理解的读书笔记方式。但是一般初学思维导图法的学生最怕整理语文课文，或担心整理出来的思维导图结构不清晰，其中一个关键原因就是不清楚或无法掌握各种文体的基本结构，也就是我强调的概念模块。

由于各个学科都需要以文字的形式来解释说明其中的知识内容，因此学生在通过思维导图法培养阅读理解能力的学习过程中，可先从故事绘本或语文课本中挑选经典文章，根据课文的文体与作者的写作手法，从原始型模块、单一概念模块到多重概念模块循序渐进地进行练习。

在本章中，我将以绘本思维导图、故事思维导图、主题式思维导图、5W2H思维导图与各种文体的思维导图为起点，循序渐进地为大家解说有助于提升阅读理解能力的思维导图结构与学习策略。

1 绘本思维导图

· · ·

绘本是孩子认识世界的第一本书。绘本色彩丰富，其中的图画、颜色与情节充满教育意义，对孩子有很大的指导作用；其文字简单易懂，可以帮助幼儿发展认读文字的能力，是最适合学龄前孩子的"桥梁书"。大多数的家长只是把它当作故事书，这实在太可惜了！如今，绘本也适合作为思维导图法初学者的入门练习素材。

原本被应用于企业会议讨论的 ORID 焦点讨论法 [①]，也适用于亲子儿童绘本的互动学习。它是一个有层次的讨论过程。

———————————

① O 即 Objective（客观性），R 即 Reflective（反应性），I 即 Interpretive（诠释性），D 即 Decisional（决定性）。焦点讨论法是一个自然思考的过程，循序渐进的过程。

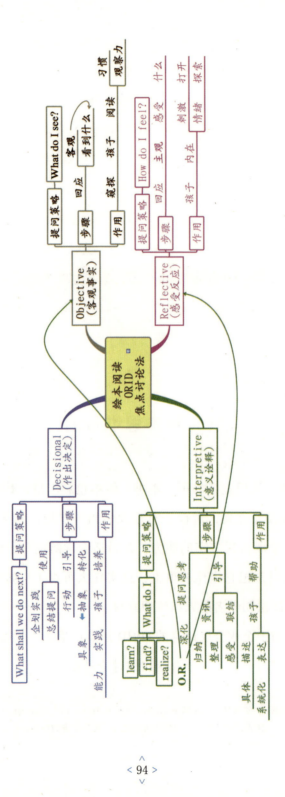

图 3-1-1 绘本阅读 ORID 模式

< 94 >

（1）说明从绘本中所看到的客观事实。

（2）分享你阅读绘本之后的主观感受。

（3）进行归纳整理，通过反思与联结内心感受解释你所产生的各种反应的意义和重要性。

（4）决定在以后的生活中进行实践。

著名的儿童教育专家卓忆岚老师在《"亲子共读"绘本魔法十个ORID提问策略!》一文中也详细说明了绘本阅读ORID的提问策略，我用思维导图帮大家整理出了重点内容，如图3-1-2所示。

根据绘本阅读ORID的内涵与提问策略，如果对象是小学生的话，让孩子在阅读细节之后将故事内容整理成思维导图笔记，如果是学龄前的孩子，则可以由父母或教师事先做好。

当孩子阅读完整本绘本之后，再通过绘本思维导图进行反思提问或意义诠释，让孩子聚焦在真正的问题上。父母或教师也可以引导孩子思考故事的各种发展，培养孩子多元的创意思维与决策的逻辑性。

绘本故事：《菲菲生气了》

图3-1-3是儿童教育专家王心怡博士的女儿Fiona绘制的思维导图。从思维导图中的中心图与分类细节的插图中可以看出，Fiona掌握了绘本提问策略中的客观事实、绘本中的主要图像，以及其代表的意义。

接着，Fiona从故事发展的情节中提取了"为什么""怎么了""然后呢""最后呢"几个上层主题概念，并以紫色、红色、淡蓝色与粉红色来画线条和写关键词；她还在思维导图中，通过关联线条指出不同概念之间的相关性。这说明Fiona充分理解了故事的内容，同时也体现出了绘本提问策略中的感受反应与意义诠释。

< 95 >

父母或教师可借助这张思维导图进一步对孩子进行假设提问、观点提问、行动提问或发现提问。例如：

·从思维导图右下方的"怎么了→菲菲→生气→想→乱砸东西"，从"想"这一点，可以询问孩子："生气的时候，除了想乱砸东西之外，还会怎么样？你以前生气的时候都是怎样的？"

·从思维导图左下方的"然后呢→在老榉树上→感觉→微风"询问孩

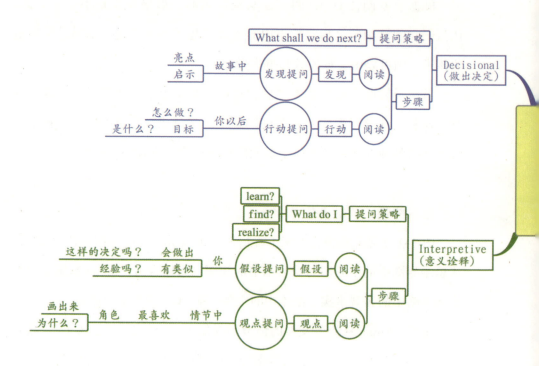

子:"在树上或树下吹着微风,会带给我们什么感觉?"

　　·从思维导图左上方的"最后呢→心情→平复"询问孩子:"下次你生气的时候会怎么做?"

　　·询问孩子:"从这张绘本思维导图中,你发现故事中的亮点在哪里?给你带来什么启示?"

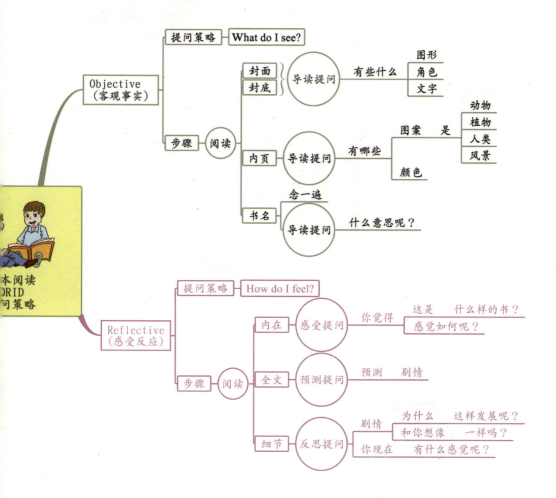

图 3-1-2　绘本阅读 ORID 提问策略

< 97 >

图 3-1-3 绘本《菲菲生气了》思维导图

< 98 >

2 故事思维导图

• • •

大多数儿童绘本都属于故事类，只是绘本的文字较少、图画较多。到了小学阶段，语文课中故事类文篇也不少，但基本上是以文字为主了。儿童绘本是孩子认识世界的第一本书，故事书则是开拓他们视野的门窗。故事的类型有童话故事、寓言故事、科学家故事、英雄故事、慈善家故事、冒险故事、生活故事等。

在语文课文中安排故事类文篇可以吸引孩子的学习兴趣，孩子不仅可以从中学习新字、新词，还能提高自己的语文素养、健全人格，以及习得解决生活中问题的能力。接下来，我用故事类文篇为大家示范，如何针对不同的学习目的来整理思维导图的笔记。

故事文章：《三个小伙伴》

故事类思维导图笔记的基本模块包括故事的背景（起），各个插曲的开始、发展经过与转折等（承、转），以及故事的结尾（合）。以《三个小伙伴》这篇小学一年级课文为例，其故事类型基本模块的思维导图如图 3-2-1。

在中心图处，宜采用图文并茂的方式，除了必须写出课文的标题，可以再加上课本中的插图，插图可以强化自己的印象。针对线条及课文中文字的颜色，在"背景"这个分支，三个小伙伴一起上山栽树，山是绿的，树也是绿的，所以可以选择用绿色来描绘这个分支；"插曲一"即碰到问题时，小野猪、小袋鼠分别将嘴巴、皮口袋等身体器官作为工

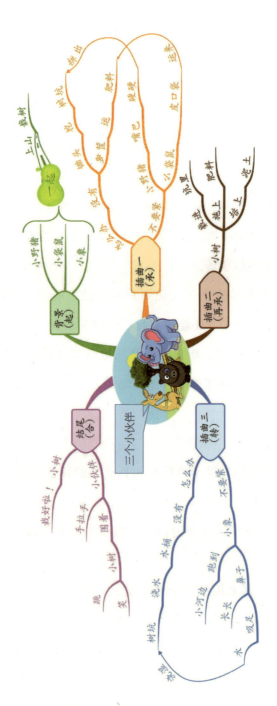

图 3-2-1 故事《三个小伙伴》的基本模块思维导图

具来解决问题，可以用接近皮肤的橙色来描绘这个分支；"插曲二"的内容是把小树种进树坑里，施上肥料，培上泥土，所以使用泥土的颜色来描绘这个分支；"插曲三"的内容跟水有关，所以用蓝色来描绘这个分支；在"结尾"部分，三个小伙伴完成任务后很高兴，所以使用温馨的粉红色来描绘这个分支。

在思维导图中，"背景、插曲一、插曲二、插曲三、结尾"这几个关键词并非课文中的内容，而是我们根据故事的基本结构，总结出的第一阶层的分类概念，因此用黑色字体来区分。

美国教育学家布卢姆（Benjamin S. Bloom）认为，学校教育应针对三大领域，分别是认知领域（cognitive domain）、动作技能领域（psychomotor domain）与情感领域（affective domain）。从认知领域的六个层次中我们发现，即使是语文学科的学习，也不仅仅是知识记忆与理解，还应该知道如何将其应用到生活中，并解决各种问题。

因此，为了达到多元的学习目标，思维导图的概念模块也会随之改变。从《三个小伙伴》这篇课文中，除了认知领域，如果也希望同时达到动作技能与情感领域的教学目的，可依文章内容所指示的意义与写作目的，提取上一层级的概念。

我们都知道，每个人都有优点和缺点，要完成一项任务的时候，我们或多或少都会碰到一些困难，但也可以试着找出办法，比如团队协作可以克服很多困难。因此，在思维导图中，针对"没有"的问题，我们可以提取上一层级的概念"困难"；三个小伙伴分别用自己的专长来解决问题，我们可以提取上一层级的概念"办法"；同时，用实线的关联线条指出每个小伙伴的专长，他们分别解决了什么问题。

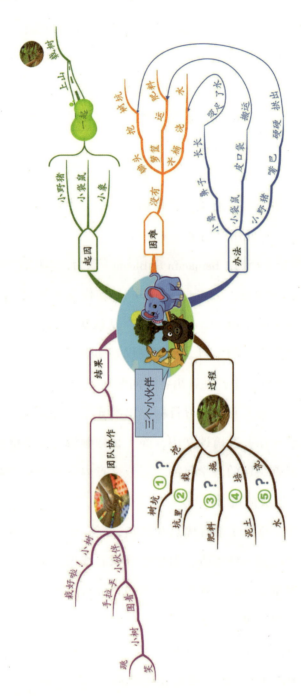

图 3-2-2　故事《三个小伙伴》的应用模块思维导图

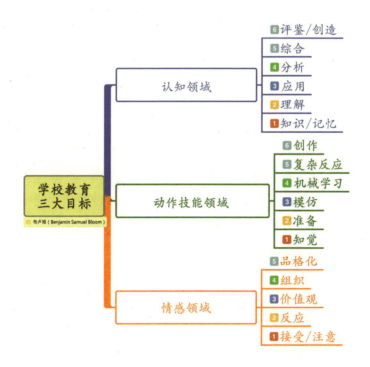

图 3-2-3　布卢姆之教育三大目标

　　这篇课文也隐藏着动作技能领域的教学目的，即指导小朋友种树的步骤。因此，针对种树的五个步骤，我在思维导图中提取了上一层级的概念"过程"，同时加上一个"栽树"的插图以彼此呼应。在"过程"的五个步骤中，在第一、第三与第五步加上问号图标，并以关联线条连接到他们遇到的困难的地方，让小朋友不但能理解栽树的步骤，也能知道这些步骤中可能会碰到的困难。

　　故事的结尾虽然是简单的几句话，但却具有品德教育的深层意义，那就是团队协作的重要性，因此我提取了这个概念，并加上关联性的插图来强调这篇文章的主旨。

　　小学生都非常喜欢读故事书，因此利用故事引导孩子学习思维导图的笔记技巧是一个不错的选择。但是，孩子一开始可能对故事整体结构的掌握和内容关键词的提取不那么熟悉，这时，父母或学校教师可以在孩子阅读故事之后，先示范如何将文章内容整理成思维导图笔记，然后让孩子看着思维导图把故事讲一遍。等孩子熟悉了思维导图的元素与使用技巧之后，再让他们自己动手绘制故事思维导图。

故事文章：《坐井观天》

杭州市西兴实验小学语文教师全董锡老师，经常用手绘故事思维导图来激发学生的学习兴趣，指导学生思维导图的绘制方法。以下就是她在上《坐井观天》一课时手绘的思维导图。

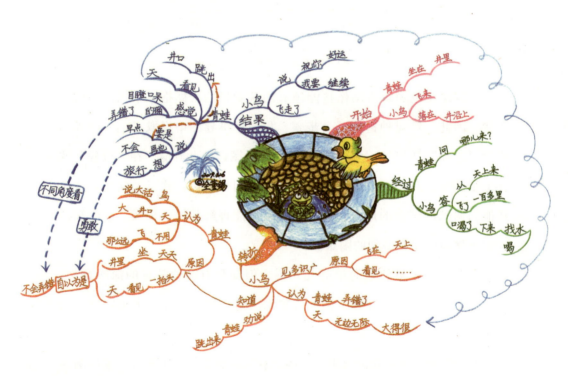

图 3-2-4　故事《坐井观天》的基本模块思维导图

3 主题式思维导图

● ● ●

美国哥伦比亚大学教育学院的海蒂·海耶斯·雅各布斯（Heidi Hayes Jocobs）教授在《跨学科课程：设计与实践》(*Interdisciplinary Curriculum: Design and Implementation*）一书中指出，通过跨学科的整合将学校课程中所有学科整合成不同的主题，以探究主题和解决问题为课程的教学核心，可以帮助学生意识到不同学习领域之间的联系。因此，要着重概念的统整，以主题为核心，探索与主题有关的知识概念，从而设计合适的教学活动，让学生从多元的角度进行认知、技能与情感的学习。

在统整学科方面，可以采用单一学科或跨学科整合，统整方法则以主题、学科统合为主，其中主题模式最常用。南华大学李坤崇教授在《统整课程理念与实务》一书中指出，主题式（thematic approach）教学或学习是通过探讨或解决某一主题的形式来设计教学活动的。

我们发现，小学语文书中不乏学习生活知识或科学知识的文章。但每篇课文都是单一的，知识是细碎的，那么我们该如何统整相关的知识呢？

主题式的文章基本上属于说明文。首先，可以根据这篇文章介绍的主题、知识点，展开思维导图的内容；然后，教师再配合统整教学的任务目标或学生的兴趣，从思维导图的结构中提取若干需要进一步学习的主题。

主题式文章：《鲸》（语文）

我以《鲸》这篇课文为例，先整理出学习知识的主题式思维导图，如图 3-3-1 所示。

　　读《鲸》这篇课文，学生可能会被开头的这段话吸引，进而想去了解大象。

　　不少人看过象，都说象是很大的动物。其实还有比象大得多的动物，那就是鲸。

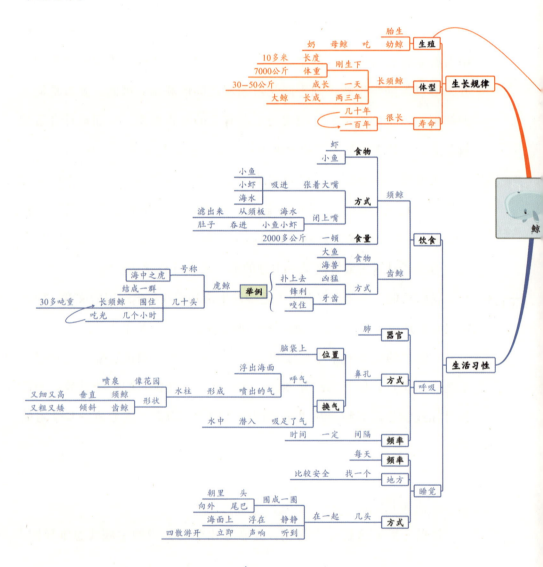

　　另外，从《鲸》这张主题式思维导图中，学生也可以从"种类""形体特点""物种""生长规律"等方面来认识某种动物。大家可以从自己感兴趣的动物，以及想知道的小主题或知识内容入手，到图书馆借阅或上网查询相关知识，然后用思维导图整理搜集到的知识，这样就从语文课跨越到了生物课。

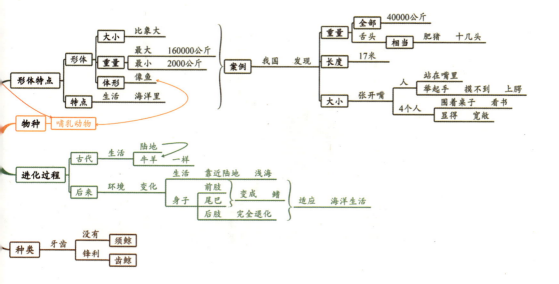

图 3-3-1　《鲸》主题式思维导图

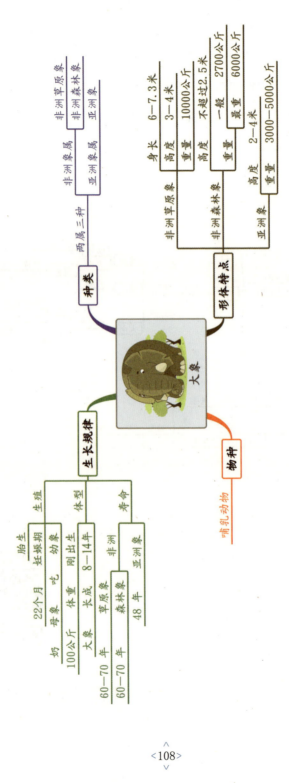

图 3-3-2 延伸学习 "大象" 主题式思维导图

大象

种类
两属三种
- 非洲象属
  - 非洲草原象
  - 非洲森林象
- 亚洲象属
  - 亚洲象

形体特点
- 非洲草原象
  - 身长 6—7.3米
  - 高度 3—4米
  - 重量 10000公斤
- 非洲森林象
  - 高度 不超过2.5米
  - 重量 一般 2700公斤
  - 重量 最重 6000公斤
- 亚洲象
  - 高度 2—4米
  - 重量 3000—5000公斤

生长规律
- 生殖
  - 胎生
  - 妊娠期 22个月
  - 幼象 吃 母象 奶
- 体型
  - 刚出生 体重 100公斤
  - 长成 大象 8—14年
- 寿命
  - 非洲 草原象 60—70年
  - 非洲 森林象 60—70年
  - 亚洲象 48年

物种
哺乳动物

　　上网查询之后，我们会发现，在生物分类上，鲸和大象都属于哺乳类，所以可以采用思维导图法概括出其上一层级的概念，并做出更宏观的知识统整。

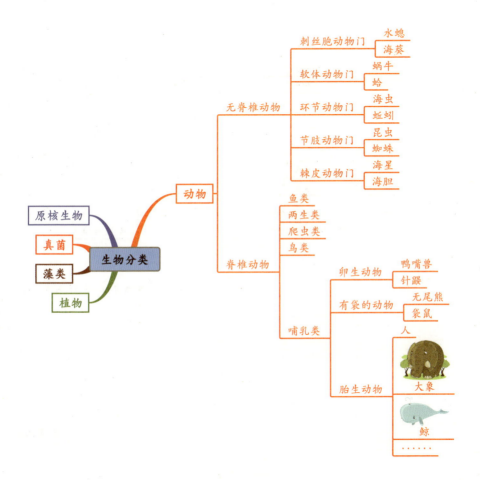

图 3-3-3　"生物分类"知识统整的思维导图

　　以上三张思维导图虽然可以让学生掌握相关知识，但《鲸》终究是语文课本中的文章，语文课是有其教学目标的，例如分析写作的技巧等。将这些语文教学目标在思维导图上呈现出来，是绝对不能忽视的一点，否则语文课就会严重"离题"。但是，一般学生，甚至从事思维导图教学

<109>

的教师却经常忽略这一点。因此，教师或学生可以根据该篇课文的教学
目标重新整理一张思维导图笔记，例如图 3-3-4，即从分析写作技巧的
角度绘制出《鲸》这篇课文的思维导图。

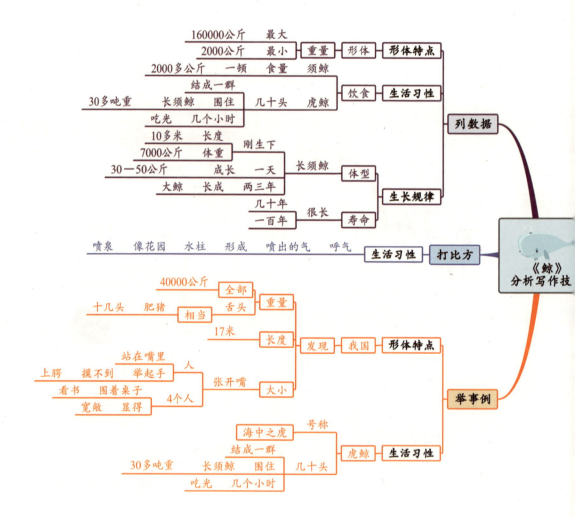

通过"分析写作技巧思维导图"掌握文章作者使用的各种写作方式，可以再通过其他思维导图进一步引导学生进行逻辑思考训练，以培养他们的语文素养。

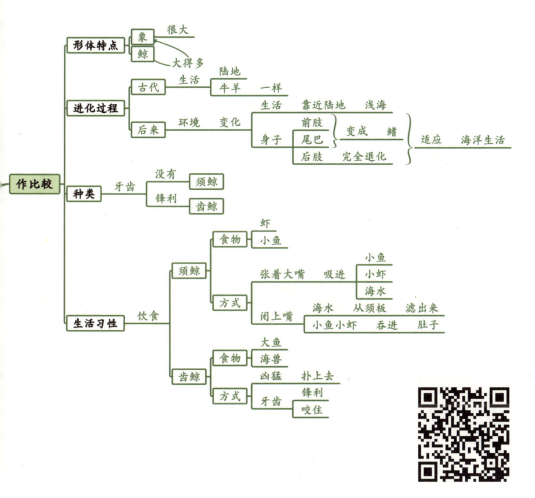

图 3-3-4 《鲸》分析写作技巧思维导图

例如，"作比较"时可以采用双重气泡图来比较须鲸与齿鲸，或鲸鱼与大象的异同。

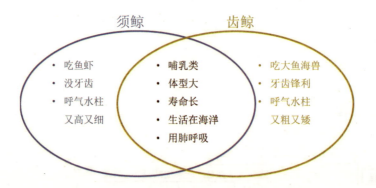

图 3-3-5　以双重气泡图来比较须鲸与齿鲸的异同

图 3-3-6　以双重气泡图来比较鲸鱼与大象的异同

通过双重气泡图的分析比较，可以看出两者之间的异同。在生物课上，这样可以引导学生探索学习更多的相关知识；而在语文课上，使用对比写作的方式能够使文章更具有结构性，使内容更具丰富性。

至于文章中应用到"打比方"的写作技巧，则可以采用桥形图来进行更多的创意思考。例如，课文中说明了鲸鱼呼气所产生的水柱像喷泉，那么鲸鱼其他的行为又像什么呢？

图 3-3-7　以桥形图针对鲸鱼的行为进行创意思考

通过桥形图进行比喻的创意思考，我们可以对鲸鱼的行为进行更多描述。细微的观察为创意的联想提供了基础，在写作时，针对鲸鱼的各种行为用打比方的方式来书写，可以把文章描写得更加生动有趣。

主题式文章：《喜马拉雅山》（百科全书）

我参加亲子教育讲座时经常向家长们强调，小学阶段、特别是 9 岁之前，一定要让孩子养成阅读的习惯与能力。9 岁之后，尤其是进入初中之后，孩子就要依靠阅读能力来学习各种知识。阅读优秀的课外读物，不仅可以学到课本之外的知识，也可以让孩子爱上学习，培养他们的阅读能力。

在本节开始即清楚地指出主题式学习的重要性，关于主题式学习的材料，百科全书是一种很好的选择。它是采取概要的方式介绍特定领域、学科或人类全部知识的工具书，深受孩子们的喜爱。

百科全书的历史可以追溯到古希腊时期。希腊哲学家亚里士多德是最早把知识进行分类的学者之一，他把当时讲述的学问内容编写成讲义，这些讲义则被后代研究者认为是百科全书的萌芽。今天我们所阅读的百科全书都是按照知识体系的结构进行分类的。

百科全书和词典都是学生必备的工具书。词典是对词语条目进行释义的工具书，而百科全书是对条目进行知识说明的工具书，比起词典有更深入、详细的解说，经常针对主题内容进行分类，分成许多小标题，以便读

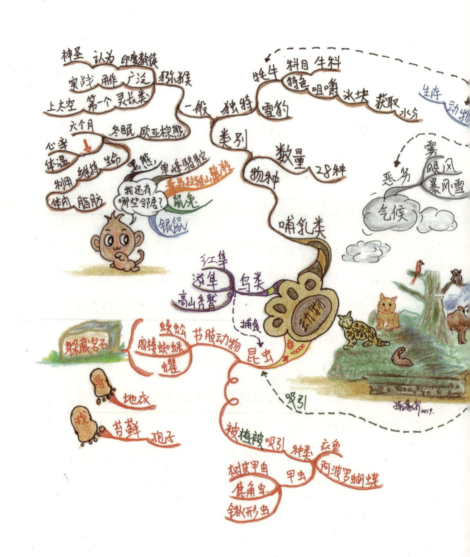

神圣 认为 印度教徒
实践 雕 广泛 猕猴
上太空 第一个 灵长类
六个月 冬眠 欧亚棕熊
心率
体温 维持 蝙蝠
利用 棕熊
体内 脂肪
卑峰骆驼
我还有 喜马拉雅山脉
哪些邻居？ 鼠兔
银鼠

牦牛 料目 牛科
特色 咀嚼 冰块 获取 水分
一般 独特 雪豹
类别
数量 28种
物种
哺乳类

生存 动物

雾 风
恶劣 阴 暴风雪
气候

红隼
游隼 鸟类
高山兀鹫
捕食

珍藏岩石 蜈蚣 节肢动物
图椿蜘蛛 昆虫
蝎
寻
地衣
找 苔藓 孢子
吸引
被植被吸引 种类 茭鱼
树皮甲虫 甲虫 阿波罗蝴蝶
鹿角虫
锹形虫

动物

捕鼠者 2019.

图 3-3-8 《喜马拉雅山》思维导图

者阅读时更容易理解，因此，百科全书用更多图像辅助介绍知识。百科全书所用到的传递知识的元素，正是思维导图法所强调的。因此，学生阅读百科全书的时候，若能将书中介绍的内容以思维导图进行笔记整理，不仅有助于理解知识内容，也能培养思维导图学习法的基本能力。

最后，我再以一篇文章《喝茶》为例，为大家讲解一些整理思维导图笔记的应用技巧。

人类喝茶的历史从神农氏尝百草时发现茶叶有解毒的功能开始，那时，茶叶就与人类的生活有着密不可分的关系。远古时代，茶被当成解毒剂使用，到了现代，人们发现多喝茶有助于身体健康，所以茶成为人们生活中不可或缺的饮料。

茶叶的成分除了有可以提振精神的咖啡因之外，还包含单宁酸、维生素、蛋白质、矿物质等营养素。

多喝茶有助于身体健康，但要注意以下禁忌以免伤害身体。

1. 不要用茶水服药；

2. 睡前不要喝茶；

3. 不要喝太浓的茶；

4. 不要空腹喝茶；

5. 不要喝隔夜的茶。

自2001年起，我们机构针对儿童、青少年开设的思维导图培训营，就一直使用这篇文章。我从二十几岁开始就喜欢喝茶，而且收藏了不少宜兴的紫砂壶，因此就亲笔撰写了这篇《喝茶》的文章，并将其作为思维导图笔记整理的素材使用。

这篇文章有三个自然段，第一段看似在讲解茶叶的功能，就是人类为什么要喝茶；第二段说明茶叶有哪些成分；第三段说明喝茶时有哪些禁忌。因此，一般学生的思维导图笔记大致如图 3-3-9a。

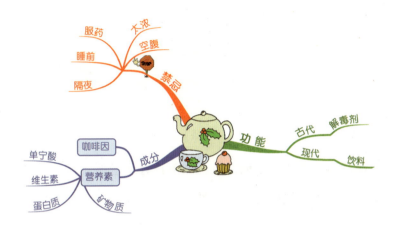

图 3-3-9a 《喝茶》思维导图之一

图 3-3-9a 的思维导图虽然清楚说明了茶在古代与现代有不同的功能，但对于不同功能的原因，未能清楚交代。因此可以增加一个"历史（或原因）"的类别分支来说明自古至今为什么茶叶对人类这么重要，并以带有箭头的关联线条来表示因果关系。例如"历史"这一分支之下的"古代""神农氏""发现""解毒"有一关联线条指向"功能"这一分支的"古代""解毒剂"，如图 3-3-9b。

关联线条的样式上，单箭头线条代表单向关系，双箭头代表相互、双向关系，实线代表直接关系或强关系，点线代表间接关系或弱关系，虚线则用于不强调直接间接、强弱性的情况。作为表示因果关系的关联线条的色彩，原则上使用"原因"端的颜色，但如果在思维导图中要凸显某两个关键词之间的关系，那么线条的色彩可以采用具有差异化的颜色，例如"健康"与"饮料"之间的红色关联线条。

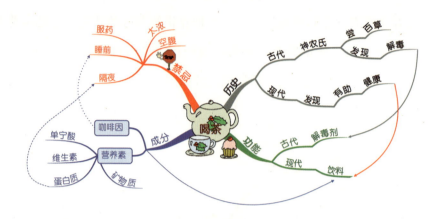

图 3-3-9b 《喝茶》思维导图之二

最后在特别重要的关键词之上，加上具有创意而且合乎逻辑的插图，以达到吸引注意力并强化记忆的效果，如图 3-3-9c。

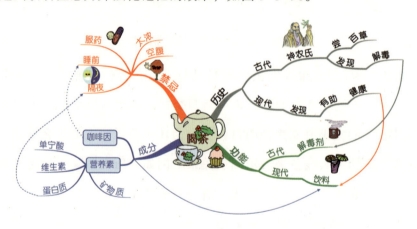

图 3-3-9c 《喝茶》思维导图之三

4 5W2H 思维导图

● ● ●

1988 年，教育心理学家库克（Cook, L. K.）与迈耶（Mayer, R. E.）

在《教育心理期刊》(*Journal of Educational Psychology*)所发表的文章《指导读者阅读科学文章》(*Teaching readers about the structure of scientific Text*)中指出，提取文章中的重点，不同的内容有不同的原则：

·描述或列举(collection or enumeration)：文章的内容是说明、描述与主题相关的信息与属性(attribute)，所以，要提取的关键词就是与主题相关的信息，例如人、事、时、地、物或5W2H。

·序列(sequence)：文章内容呈现的序列是依次序或时间所列出的信息，关键词是顺序性的信息或与历史日期相关的信息。

·因果(causation)：文章内容主要说明原因或因果，关键词是描述原因与结果的相关信息。

·问题解决(problem/solution)：文章内容主要说明造成问题的原因与提出解决的方式，关键词包括针对问题、原因与解决方式的说明。

·比较(comparison/contrast)：文章内容主要描述差异或作比较，关键词则是有关对比或比较的信息。

在一篇文章中，当然不会全部只有描述或列举、序列、因果、问题解决、比较中的一项，而是将其全部融合到一起。但从库克与迈耶的说明中我们可以发现，描述或列举中的5W2H是其他四项的根本。"序列"是5W2H的When；"因果与问题解决"是5W2H的Why与How；"比较"则可以针对5W2H的每一项内容进行比较。

无论是社会科学中的历史、地理与政治等，还是自然科学中的数学、物理、化学与生物等，其基础都是语文，描述或列举是文章基本且重要的形式。

5W2H 模块分析故事文章：《第一朵杏花》（语文）

例如，小学四年级语文课中一篇强调科学精神的课文《第一朵杏花》，属于故事类文章，所以大多数学生会依据故事情节的发展，以"开

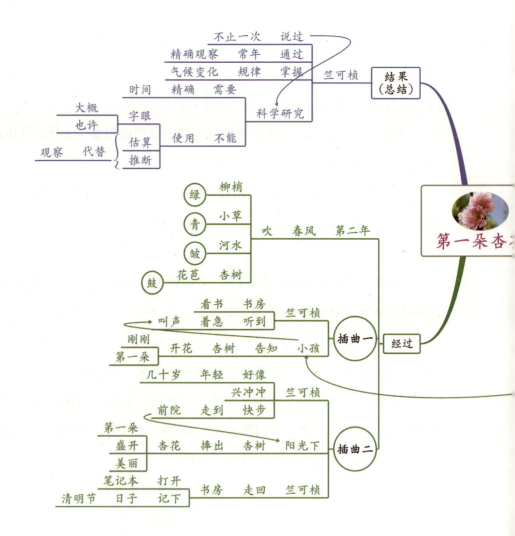

始（背景）""经过"与"结果（总结）"的形式来整理思维导图学习笔记。

若想通过图 3-4-1 这张故事模块的思维导图，进一步提升学生阅读理解与文章写作的水平，就需要针对内容作更深入的分析说明。用 5W2H 进行分析，可以让学生更容易理解文章的结构。

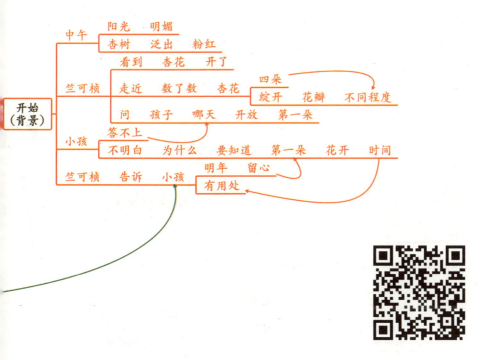

图 3-4-1 《第一朵杏花》依据故事情节发展的思维导图

当阅读图 3-4-2 这张已加入 5W2H 的思维导图之后，相信大家更容易理解文章的主要内容与组织结构。由于 5W2H 是逻辑思考的基本框架，当有了清晰的结构之后，可以删去细节内容，让学生换一个类似的主题进行文章仿写，仿写时要注意立意取材的方向与组织结构的铺陈。

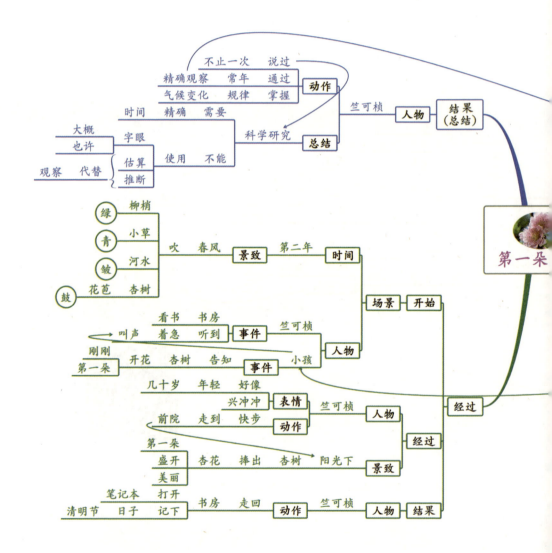

　　根据思维导图的主题，在框架中填入写作的关键词之后，就可以根据这张思维导图的内容，添加修饰词、连接词、助词等进行文章仿写。我举这个应用案例是要让大家理解，如何应用思维导图法掌握作者的写作手法并进行仿写练习，最后自己也能写出一篇好文章。

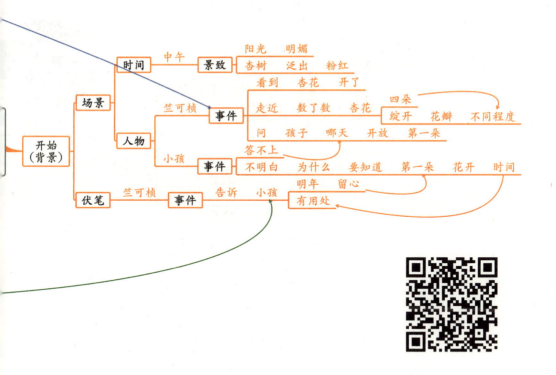

图 3-4-2　《第一朵杏花》依据故事情节发展加上 5W2H 的思维导图

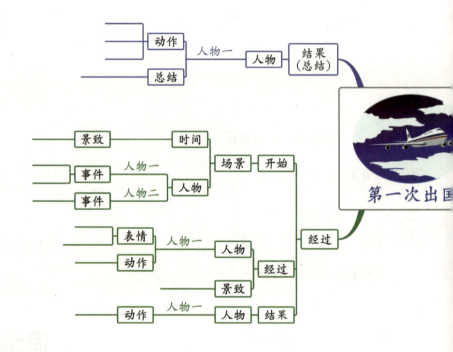

第一次出国

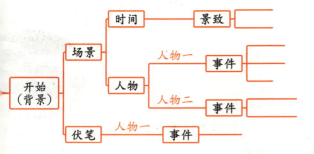

图 3-4-3 根据《第一朵杏花》文章结构仿写《第一次出国》：保留框架

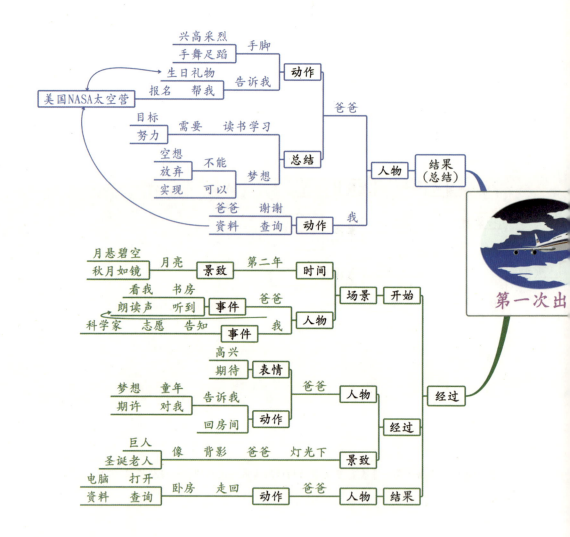

美国NASA太空营

兴高采烈
手舞足蹈 — 手脚
生日礼物
报名　帮我 — 告诉我 — 动作
目标
努力 — 需要　读书学习
空想
放弃 — 不能
实现 — 可以 — 梦想 — 总结
爸爸 — 谢谢
资料　查询 — 动作 — 我

爸爸

人物 — 结果（总结）

月悬碧空
秋月如镜 — 月亮 — 景致 — 第二年 — 时间
看我　书房
朗读声　听到 — 事件 — 爸爸
科学家　志愿　告知 — 事件 — 我 — 人物

场景 — 开始

高兴
期待 — 表情
梦想　童年
期许　对我 — 告诉我
回房间 — 动作 — 爸爸 — 人物
巨人
圣诞老人 — 像　背影　爸爸　灯光下 — 景致
电脑　打开
资料　查询 — 卧房　走回 — 动作 — 爸爸 — 人物 — 结果

经过

第一次出

经过

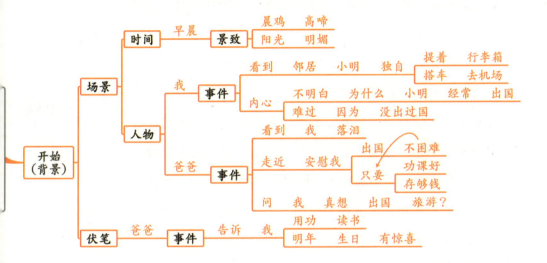

图 3-4-4 根据《第一朵杏花》文章结构仿写《第一次出国》：填入枝节

5 各种文体的学科思维导图

● ● ●

初学者用思维导图整理读书笔记的难点之一，就是有了中心主题之后却不知该如何展开第一个层级，特别是整理语文学科的课文笔记。

由于历史、地理、科学等学科中的文章，皆有标示性或说明性的段落标题，学生可以将段落标题区分成几大类别，作为思维导图的第一层主题概念，因此还算较简单。

但是，语文学科中的文章没有段落标题，这时候我们就得先掌握并熟悉各种文体的基本结构，台湾师范大学中文系王开府教授在《国语文心智图教学指引》一书中称其为"模块"，这一"模块"概念与儿童教育心理学家皮亚杰所提出的基模（运用与生俱来的行为模式来了解周围世界，是一种吸收知识的基本结构）有共通的内涵。

按照文章的内容与写作手法，基本上可以将其结构分成主题型（原始型）与概念模块型两大类。相对于概念模块型而言，主题型更容易整理成思维导图笔记，我在本章前几个小节已经通过案例作了详细说明。在本小节中，我将为大家进一步介绍应用于学科读书笔记的几种概念模块，以及它们在学科中的应用案例。

记叙文结构的概念模块

记叙文包括"记"和"叙"两个方面。"记"即记录、描写"人、事、物、景"；"叙"是叙述"人、事、物、景"的变化和发展。

记叙文的记人、叙事、状物与写景的四种类型中，记人的记叙文是以描写人物的外貌、性格、语言、行动、心理特征为重点，亦即通过对人物的生动刻画来表达内心的思想与感情；状物的记叙文主要是托物言志，也就是通过对动物、植物、生活物品与建筑物等的描述来表达内心的情感；叙事的记叙文主要是记录事件，着重于描述事件的开始（起因）、经过（发展）、转折（变化）与结果（结局），通过事件来表达作者的见解与感受；写景的记叙文则是借景抒情、寓情于景，通过景物来阐述文章的主题。因此，根据记叙文的内涵与结构，其思维导图的概念模块如图 3-5-1a。

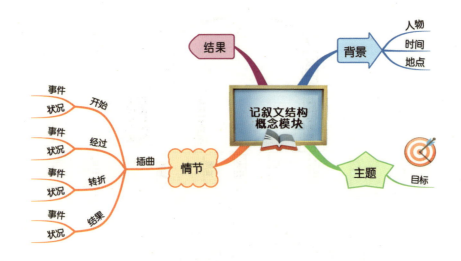

图 3-5-1a 记叙文结构的概念模块

语文学科记叙文结构：《桃花源记》

我以东晋陶渊明的《桃花源记》这篇记叙文中的部分内容为例，向大家示范用思维导图呈现记叙文结构的概念模块，如图 3-5-1b。

整篇文章的结构可以分为"背景""主题""情节"与"结果"。文章

<129>

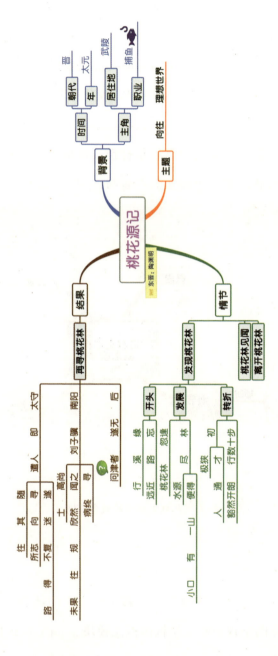

图 3-5-1b 记叙文结构的示范案例《桃花源记》

中对背景的描述仅有"晋太原中，武陵人，捕鱼为业"11个字。但为了提升学生对内容的理解，让学生掌握记叙文写作的结构，根据思维导图法的分类与阶层法（CHM, Classification & Hierarchy Method）的原则，在思维导图中概括了其上一层级的概念并以黑色字体标示了出来，与线条同色的字体则是原文中的内容。在此也要向大家说明一下，由于图3-5-1b这张《桃花源记》思维导图是为了帮助学生理解课文的大意与文章结构，而不是一字不漏地记忆全文，因此在思维导图中省略了部分不影响理解的文字，本书其他案例也遵循这一原则。

整篇文章的主轴是借桃花林这个景点中的人、事、物来表达作者内心向往理想世界的情感，因此在思维导图的"情节"与"结果"中，归纳文章内容，分别提取出"发现桃花林""桃花林见闻""离开桃花林"与"再寻桃花林"，让文章的整体结构更加清晰易懂。

故事结构的概念模块

故事也是记叙文的一种，上历史课就好像在听故事，历史课本就是一本真实的故事书。在教学应用上，不少中外学者对故事题材的文章结构纷纷提出了自己的看法与建议。台湾屏东教育大学特殊教育学系侯美娟、黄秋霞与钟屏兰等学者，综合归纳中外学者的观点，提出了故事结构应有的基本要素。

（1）主角：主角与特征。

（2）背景：事件的时间与地点。

（3）主要问题：主角要解决的问题。

（4）事件经过：事件的发展与经过。

（5）结果：事件的结果。

（6）主角反应：主角的内在感受或故事的启示。

根据故事的基本要素，其思维导图的基本概念模块如图 3-5-2a。接下来，我将以一篇历史课文为例，向大家示范故事结构的笔记整理方式。

图 3-5-2a　故事结构的概念模块

历史学科故事结构：《秦灭六国》

历史课之所以有趣，就是因为课本中有不少章节都是故事，这种类型的文章基本可以采用故事结构模块来分析。到了初中之后，历史课本中开始出现说明人类的演进、国家社会的制度与变革等内容，用说明文的结构模块最合适不过。在本节中，我先说明历史学科故事结构模块的思维导图，在后面的章节中，再进一步讲解说明文的结构模块。

图 3-5-2b 是以人民教育出版社出版的中国历史课本中一个小节《秦灭六国》的故事结构模块的思维导图。

首先根据故事结构模块，从带有秦朝意象的兵马俑的中心主题展开四大结构，分别是原因、背景、经过与结果。

接着将课本中的内容，依据故事结构模块进行分解。文章中"战国以来……过上安定的生活"是说明秦欲灭六国的原因；"秦国经过商鞅变法……策划统一大计"说明秦国为什么有能力灭掉六国，讲述的是背景；"公元前230年……定都咸阳"描写了秦灭六国的主要经过；"秦灭六国后……范围大为拓展"描写秦灭六国的后续行为；"秦的统一……封建国家"对秦灭了六国之后所产生的结果作了说明（图3-5-2c）。

图 3-5-2b　故事结构模块《秦灭六国》

虽然《秦灭六国》是一篇故事性的文章，但它同时也是一篇描述性的文章，为了帮助学生理解内容，熟悉思维导图法的基本技巧，老师在教学的时候，可以在思维导图中增加5W2H的结构，一方面可以培养学生的思辨能力，同时也能让信息更加清晰、有条理地呈现出来。换言之，在故事结构的模块中，可以结合5W2H来进行分析，也就是故事结构加5W2H的迭合式多重概念模块。

例如在"背景"这一分支，先从"Who"，也就是关键的两个人物商鞅与秦王嬴政，分别做了些什么事情"What"，才让秦国如此强大；于是在思维导图中将"策划统一大计"与"各国人才的招募"整合到秦王嬴政这个分支之下，更有助于理解（图3-5-2d）。

当学生掌握了故事结构加5W2H模块分析文章之后，再遇到到类似的学习内容，就可以主动整理出有助于理解与记忆的学习笔记。

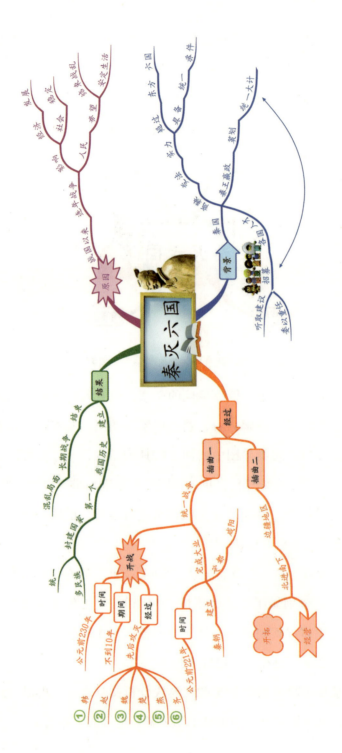

图 3-5-2c 故事结构的示范案例《秦灭六国》

<134>

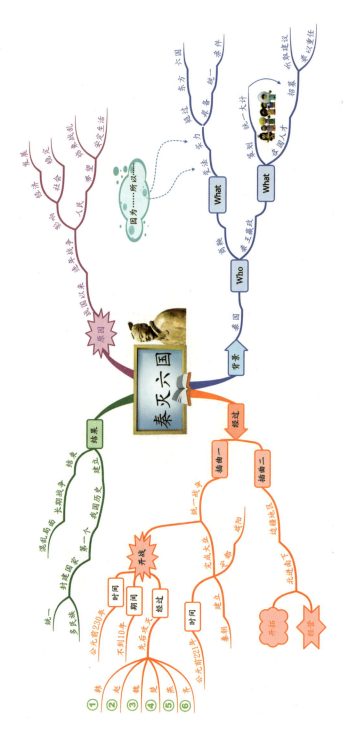

图 3-5-2d 故事结构与 5W2H 结构的迷合式多重概念模块《秦灭六国》

小说结构的概念模块

相信大家从小就喜欢看小说，一本引人入胜的小说必须具备生动的人物形象、完整的故事情节，以及人物活动的具体环境等三个要素。其中，人物形象是整篇故事的关键元素。分析一本小说可以从下列七个方面着手，其思维导图的概念模块如图3-5-3a。

（1）确定小说的主题、题材与核心思想。

（2）分析人物的性格特点。

（3）分析描述人物的主要手法（外貌、语言、动作、心理等描写方法）。

（4）分析正面（直接）描写、侧面（间接）描写和细节描写的作用。

（5）分析情节的各个阶段：背景（开始）、过程（发展、冲突、高潮等）、结局。

（6）分析场景的描写：自然环境、社会环境与故事情节的相互作用。

（7）分析小说中某些关键词、精彩语句、重点段落中蕴含的哲理思想与情感。

课外小说结构：《达·芬奇密码》（*Da Vinci Code*）

图3-5-3b是我在2004年为《达·芬奇密码》这本脍炙人口的小说所绘制的思维导图，当时是准备上课时给学生看的案例，现在借本书与大家分享这部越陈越香的老作品。

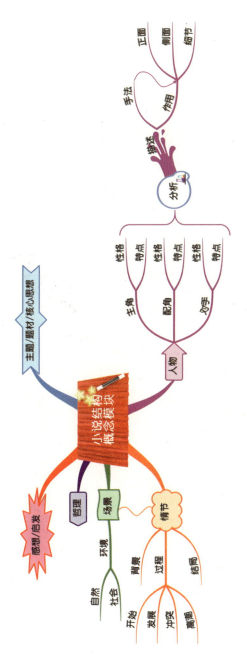

图 3-5-3a　小说结构的概念模块

《圣经》 宗教
仪式
思想
创作 达·芬奇 探索 人心 复
女人
耶稣 右边 妻子 抹大拉 马利亚 神圣 大自然 奥秘
圣杯 女性
? 刀刃 名称 象征 哲理
阳物 象征
M 《最后的晚餐》 画作 符号 名称圣爵 楼
象征 女性
被逮 潜入 西拉 讨论 圣杯 卢浮宫 提兵爵士 命案 拱心石
主人 李伊·提兵爵士 西拉 没找到
围捕 威雷特堡 圣许华斯教堂 被骗
监听站 搜出 警方 受害者 4名 兄弟会
英国 逃离 巴黎 场景

苏黎世银行
寻找 藏密筒 伦敦 圣殿教堂 西拉
黑密
祖母 重逢 苏菲
弟弟 罗斯林教堂 拱心石 夺取
大卫之星 结合 刀刃 男性 西敏寺 牛顿墓 密码
圣爵 女性

孙易新
Oct. 2004

达·芬奇
密码
The Da Vinci Code
丹·布朗 ● Dan Brown

<138>

图 3-5-3b　小说结构的示范案例《达·芬奇密码》

课内小说结构：《虬髯客传·红拂女》

接下来是我为中学语文课中晚唐杜光庭的《虬髯客传·红拂女》一文绘制的思维导图。这是一篇写人物的文章，因此，其重点是对于人物的外貌、性格、语言、行动、心理特征等的描写。

在思维导图中，我们先从红拂女的"身份经历""外貌举止"与"事件场景"来强调并说明红拂女的位卑貌美、真天人与异人的表现。在

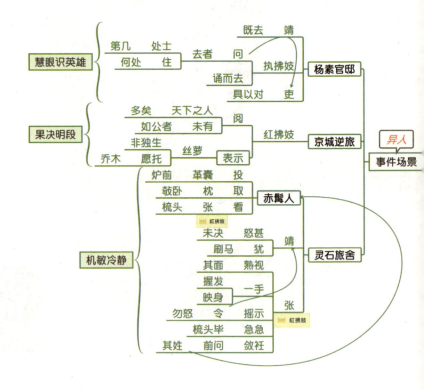

"外貌举止"上又分别从文章内容中归纳出"身材体态""相貌神情""衣着打扮"与"动作姿态";在"事件场景"中则分出三大场景:"杨素官邸""京城逆旅"与"灵石旅舍"。接着,根据文章内容整理红拂女在"杨素官邸"中是如何"慧眼识英雄",在"京城逆旅"中是如何"果决明断",在"灵石旅舍"中又是如何表现出"机敏冷静"的。同时将归纳出的三个结论"慧眼识英雄""果决明断"与"机敏冷静",以摘要的形式写在内容说明之后。

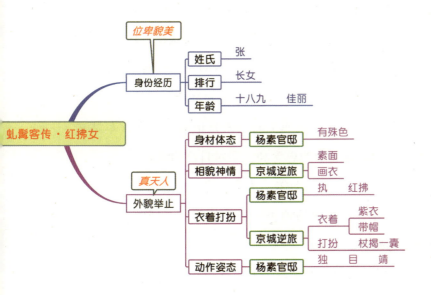

图 3-5-3c 小说结构的示范案例《虬髯客传·红拂女》

抒情文结构的概念模块

抒情文是抒发主观感受和思想感情的文体，有时会结合采用比喻、夸张、对比、排比等修辞技巧。有时在议论文和说明文中也会运用抒情的方式来增强文章的情感色彩。抒情文是通过外在的事物来触发内在的情感，从而与读者产生共鸣。除了抒情文之外，许多文章都会有抒情的成分，记叙文、说明文、议论文都需要抒情，否则文章就会缺乏文采、情怀。

常见的抒情题材有记人、写景、状物、叙事、说理与怀古等，写作手法有直接抒情与间接抒情。直接抒情就是不借用任何事物，直接表达内心情感。间接抒情又分为两类：一类先叙事、写景或状物，然后抒情；二是叙事、写景或状物与抒情循环交替。间接抒情的手法包括以下几种。

• 借事抒情：借议论人、事或叙述事情的经过和细节，间接地抒发内心情感。朱自清的《背影》一文，表面上看起来是记叙父亲来火车站送别的情景，但其实表达的是对父亲的思念和父亲对自己的爱。

• 借人抒情：通过人物的语言、动作、情感来述说内心的情感。司马迁在《伯夷列传》一文中，通过描写伯夷、叔齐的善行，抒发了对天道与人事相违背的现实的感叹。

• 借物抒情：借描写物品的特点表达个人的感受，间接地抒发内心的情感。归有光在《项脊轩志》一文中，借描写老房子述说内心的喜与悲，以及对妻子的思念。

• 借景抒情：带着个人主观的情绪感受去描写客观状态的景物，间接地抒发内心感情。朱自清的《春》，虽然详细描写了春天的景致，但重点在表达作者热爱生活、积极进取的思想感情。

根据抒情文借事、借人、借物、借景来抒发情感的文章特点，其思维导图的概念模块如图 3-5-4a。

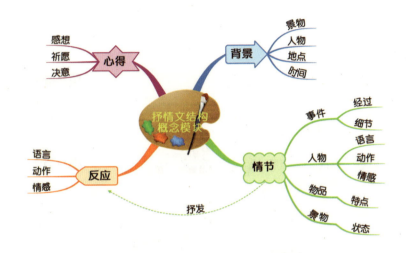

图 3-5-4a　抒情文结构的概念模块

语文学科抒情文结构：《出师表》

三国时期的蜀汉丞相诸葛亮决定北上伐魏。北上之前，他以恳切委婉的言辞上书后主刘禅，于是便有了这篇名垂千古的《出师表》。这是一篇以说理、议论为主，兼具记叙和抒情的文章，尤其文末的"今当远离，临表涕零，不知所言"更是触动人心。因此，我用部分内容来为大家示范说明抒情文结构的思维导图。在图 3-5-4b 中，彩色文字是原文，黑色文字是提取出来的结构概念，可以帮助学生更好地理解文意。

先帝不以臣卑鄙，猥自枉屈，三顾臣于草庐之中，咨臣以当世之事，由是感激，遂许先帝以驱驰……

<143>

　　先帝知臣谨慎，故临崩寄臣以大事也。受命以来，夙夜忧叹，恐托付不效，以伤先帝之明，故五月渡泸，深入不毛。今南方已定，兵甲已足，当奖率三军，北定中原，庶竭驽钝，攘除奸凶，兴复汉室，还于旧都。此臣所以报先帝而忠陛下之职分也……

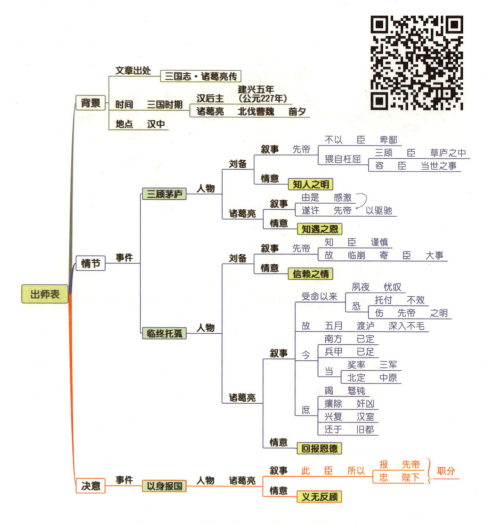

图 3-5-4b　抒情文结构的示范案例《出师表》

诸葛亮试图借叙述事件来表达情感，但仅通过阅读文章及教师在课堂上的解释，一名初中生未必能掌握此文章的写作技巧与诸葛亮临别前的内心感受。但通过思维导图法来解构这篇文章之后，我们从刘备的"三顾茅庐""临终托孤"，以及诸葛亮决意"以身报国"三个场景分别理解了刘备的"知人之明"与对诸葛亮的"知遇之恩"，刘备的"信赖之情"与诸葛亮的"回报恩德"，最后诸葛亮表明北伐曹魏"以身报国"的决意与"义无反顾"的情感。学习这张思维导图后，大家再次阅读《出师表》时，肯定会有更深的理解与感受。

语文学科抒情文结构：《背影》

中国近代以散文闻名于世的诗人朱自清，其作品情感真挚动人，文章清新隽永，善于借景抒情，文章富有诗意。《背影》是朱自清在1925年10月所写的一篇散文，描述自己在二十岁的时候，离开南京到北京大学念书，父亲送他到浦口车站，照料他上车，还为了帮他买橘子在站台爬上爬下的事情；目睹父亲蹒跚的背影，他有感而发。朱自清用朴素的文字，把父亲对儿子的爱，通过记叙式的抒情文《背影》表达得深刻细腻。

我将整篇文章的结构及摘录的部分内容整理成图3-5-4c。因为是记叙式的抒情文，所以整体的大结构我拆解成"总起：点题""起：回家奔丧""承：送行情景—车站""转：送行情景—买橘子""总结：思念父亲"五个部分。

另外，我在这张图中运用了思维导图法的一些技巧，会跟大家说明一下。

• 在"起：回家奔丧"这个分支上，作者从一个时间点来描述回家奔丧的原因、处理丧事的过程，以及处理完丧事之后的事情。所以，在下

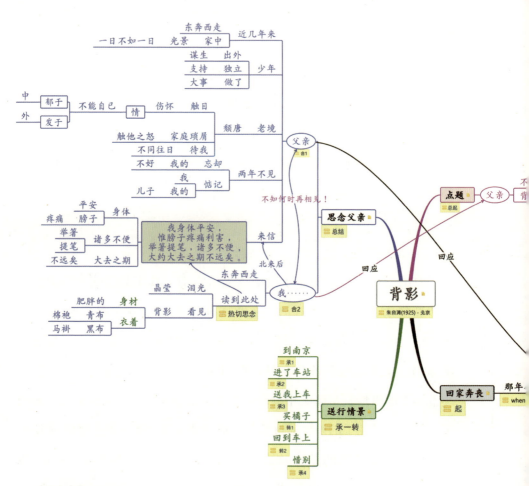

东奔西走

一日不如一日　光景　家中　　近几年来

谋生　出外

支持　独立　少年

大事　做了

中　郁于

外　发于　不能自已　情　伤怀　触目

颓唐　老境

触他之怒　家庭琐屑　　　　　　　父亲

不同往日　待我　　　　　　　　　　含1

不好　我的　忘却　　　　　　　　　　思念父亲

我　惦记　两年不见　　来信　　　　总结

儿子　我的　　　　　　　不知何时再相见！

点题

父亲

总起

平安

疼痛　膀子　身体

举箸　　诸多不便　　我身体平安，

提笔　　　　　　　　惟膀子疼痛利害，

不远矣　大去之期　　举箸提笔，诸多不便，　　来信

大约大去之期不远矣。　　北来后

东奔西走

肥胖的　身材　　　晶莹　泪光　　读到此处　　我……

棉袍　青布　　背影　看见　　　含2　　　　　　背影

马褂　黑布　衣着　　　　　　热切思念　　　朱自清(1925)·北京

到南京

承1

进了车站

承2

送我上车

承3

买橘子

转1　　　　送行情景

回到车上　　承一转

转2

惜别

承4

回家奔丧

起

图 3-5-4c　抒情文结构的示范案例《背影》

二年余
忘记

开始 —— 祸不单行
why - what

祖母 —— 死了
who   what

父亲 —— 差使 交卸了
who   what

我
(朱自清)
who

从 北京 到 徐州
where

打算 跟着 —— 父亲 —— 回家 奔丧
who   what

见着 —— 父亲
who

看见 满院 狼籍
where   what

想起 —— 祖母
who

不禁 簌簌地 流下眼泪
what

父亲：
who

事已如此，
不必难过，
好在天无绝
人之路！
what

经过

回家
what

父亲
who

变卖典质 还了 亏空
what

借钱 办了 丧事
what

家中 光景 惨淡 为了

丧事
what

父亲 —— 赋闲
who   what

决定同行
能

结果 —— 丧事 完毕

父亲 —— 南京 谋事
who   what

我 —— 北京 念书
who   what

我们 同行

<147>

一个层级我采用记叙文情节的"开始""经过"与"结果"分类方式，并在关键词下方标注是属于5W2H结构的哪一项。

• 思维导图法要求每一条线条上的关键词尽量简洁，最好一线一词。如果要完整表达出情感感受，则可采用图文框的形式，将整段文字书写出来，例如父亲对他说的一句话与来信的内容。

• 在"总结：思念父亲"这个分支，我采用代表传统青布棉袍的湛蓝色，表示作者思念父亲穿着青布棉袍、黑布马褂的背影。但"身材"与"衣着"这两个关键词却采用绿色，主要是想通过绿色联结到"送行场景"中父亲的身材与衣着。

• 关联线条上的文字"不知何时再相见"，采用与"总起：点题"相同的粉红色，是为了体现并联结作者在文章中破题的那句话"我与父亲不相见已二年余了，我最不能忘记的是他的背影"。

说明文结构的概念模块

说明文是通过对事物的特征、性质、形态、功能、原理、来源、成因与发展等进行解说，让人们明白事物道理的一种文体。这种以"说明事理"为主的文体有三大特点，分别是科学性、客观性与知识性。因此，数学、生物、地理、物理、化学等学科，以及本章所举例的百科全书等，这些针对知识、观念进行解说的文章，基本上均采用说明文的形式。

在说明文当中，常见的说明方法有：
• 以概括的方式说明定义或主要概念、主题。
• 引用文献记载、数据记录、故事传记来进行说明。

- 列举事例说明难以理解的抽象概念或原理原则。

- 以序列方式说明事件的历程或步骤。

- 采用比较或对照的方式来说明事物的异同。

其思维导图的概念模块如图 3-5-5a。

图 3-5-5a　说明文结构的概念模块

数学学科说明文结构：分数的意义与性质

很多学生害怕数学，我在小学、初中、高中阶段，数学成绩也常常不及格。其实，学习数学本来应该很有趣、很好玩，因为它与我们的日常生活是息息相关的。数学是一种利用符号语言来研究数量、结构、变化与空间的学科，需要通过抽象化与逻辑推理来观察计数、计算、量度、物体的形状与运动。因此，学生不容易明白所要说明的概念，若能用思维导图来呈现，则有助于梳理抽象概念，易于学生理解。

关于分数的意义与性质这段短文说明了分数的定义与相关的概念。以下是我根据说明文结构的概念模块中的元素"定义""概念""举例"，为"分数的意义与性质"所绘制的思维导图，如图 3-5-5b。

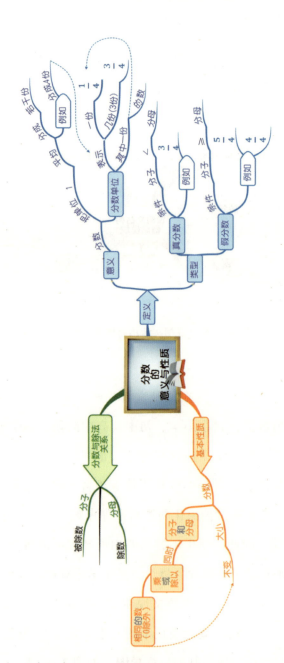

图 3-5-5b 说明文结构示范案例：分数的意义与性质

<150>

一、分数的定义：

1. 一个物体、一些物体等都可以看作一个整体，把这个整体平均分成若干份，这样的一份或几份都可以用分数来表示。

2. 一个整体可以用自然数"1"来表示，通常把它称作单位"1"。

3. 把单位"1"平均分成若干份，表示其中一份的数叫作分数单位。

4. 分子比分母小的分数叫真分数，分子比分母大或分子和分母相等的分数叫作假分数。

二、分数与除法的关系：分子是被除数，分母是除数。

三、分数的基本性质：分子和分母同时乘以或除以"0"以外的相同的数，分数的大小不变。

数学学科说明文结构：闰年与平年

闰年与平年是生活中的知识，也是数学课中必学的知识点。许多学生都知道平年的 2 月是 28 天，闰年的 2 月是 29 天，但考试时往往不会出这么简单的题目，而是问你 ×× 年是闰年还是平年？这就不是单纯用 4 去除就能解出答案的题目了。我们先看看课本上是如何说明闰年与平年的。

闰年是比普通年份多出一段时间的年份，它在各种历法中都出现过，目的是为了弥补人为规定的纪年与地球公转产生的差异。每逢闰年，2 月份有 29 日，平年的 2 月份为 28 日。

目前使用的格里高利历闰年口诀与规则如下：

四年一闰，百年不闰，四百年再闰。

1. 公元年份除以"4"不可整除，为平年。

2. 公元年份除以"4"可整除但除以"100"不可整除，为普通闰年。

3. 公元年份除以"400"可以整除，为世纪闰年。

我以思维导图来做示范，如图 3-5-5c。

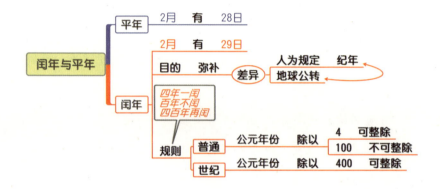

图 3-5-5c 说明文结构的示范案例：闰年与平年

语文学科说明文结构：《梦溪笔谈·石油》

21 世纪的今天，科学之发达是古人难以想象的。但是古代中国在科技方面已经取得了一定的成就，从宋朝沈括所著《梦溪笔谈·石油》中记载的陨石、石油与磁石指南，可以窥见当时的科技发展情况。

鄜、延境内有石油，旧说"高奴县出脂水"，即此也。生于水际，沙石与泉水相杂，惘惘而出，土人以雉尾挹之，乃采入缶中，颇似淳漆，然之如麻，但烟甚浓，所沾帷幕皆黑。

余疑其烟可用，试扫其煤以为墨，黑光如漆，松墨不及也，遂大为之。其识文为"延川石液"者是也。此物必大行于世，自余始为之。

盖石油之多，生于地中无穷，不若松木有时而竭。今齐、鲁间松林尽矣，渐至太行、京西、江南，松山大半皆童矣。造煤人盖未知石烟之利也。

石炭烟亦大，墨人衣。余戏为《延州诗》云："二郎山下雪纷纷，旋卓穹庐学塞人。化尽素衣冬未老，石烟多似洛阳尘。"

宋朝沈括所著的《梦溪笔谈》是一本有关科学知识的书籍，其中《石油》一文收录在台湾地区的中学语文课本之中，该文是说明文，但也属于论说文，因为文章的前三分之二是叙事说明，后三分之一则是提出议论，是一篇先叙后论的文章，作者根据相关的资料或事实进行说明。

图 3-5-5b 是我以叙事的起、承、转、合，以及议论的论点、论据、小结与补叙为结构整理出的思维导图。如果应教学或学习上的需要，让学生学习文中的修辞技巧，那么可以在思维导图中标注出来，例如"然之如麻"与"黑光如漆"使用的比喻，"惘惘而出"使用的叠字。

物理学科说明文结构：物理科学之旅

物理是一门需要深度思考才能学好的科目，因此，分析、演绎、综合、归纳、评鉴等能力显得尤为重要。一般学生使用思维导图整理学习笔记的时候，往往只从单一章节或单一主题入手，而忽略了先掌握整个学科知识体系的重要性。

小学刚毕业或初一升初二的同学可以利用寒暑假的时间，使用本书所提出的思维导图 RMMR 学习法，先把即将要学习的物理课本大致浏览一下，别担心看不懂，你可以先在觉得难懂或感兴趣的地方分别标上不同的记号，然后根据目录内容用绘图软件，按照思维导图学习法的原则绘制学习用图。对化学、数学、历史、地理等科目的系统性知识的学习也采用相同的做法。图 3-5-5e 是从原始的目录思维导图修改而来的学科

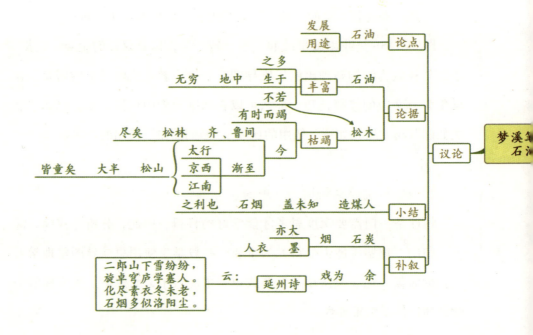

梦溪笔
石油

议论
- 论点 —— 石油 —— 用途 / 发展
- 论据
  - 丰富 —— 石油 —— 生于 地中 —— 之多 / 无穷 / 不若
  - 枯竭 —— 松木 —— 有时而竭
    - 今 —— 齐、鲁间 松林 尽矣
    - 渐至 —— 太行 / 京西 / 江南 松山 大半 皆童矣
- 小结 —— 造煤人 盖未知 石烟 之利也
- 补叙
  - 石炭 烟 墨 人衣 亦大
  - 余 戏为 延州诗 云：
    > 二郎山下雪纷纷，
    > 旋卓穹庐学塞人。
    > 化尽素衣冬未老，
    > 石烟多似洛阳尘。

<154>

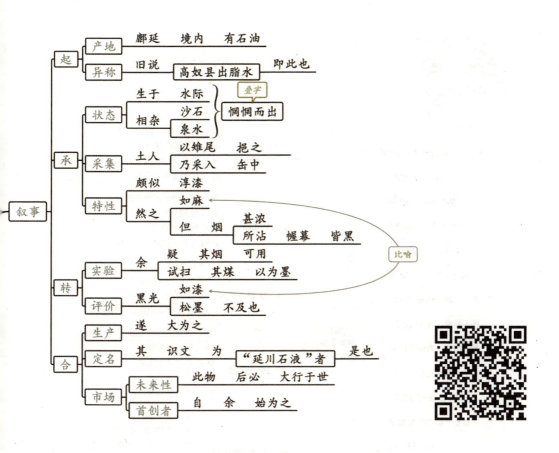

图 3-5-5d　说明文结构的示范案例《梦溪笔谈·石油》

知识框架。可以说，它既是学习者的"书架"，也是学习者的"图书馆"，学习者可以随时从这个学科知识框架中链接各个单元主题的思维导图笔记，进行复习记忆。课本目录中的"第 × 章、第 × 节"等文字容易造成学习者思绪上的混乱，因此在思维导图中是可以删除的。

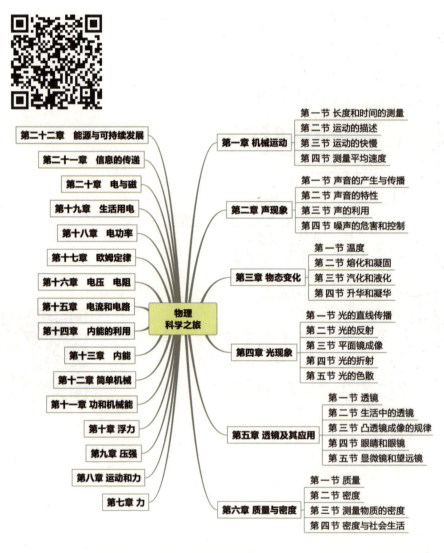

图 3-5-5e　说明文结构的示范案例：物理科学之旅

为了便于安排教学的进度与时间，课本的编排方式可能是将同一个主题分成几个小节来说明，也可能是用一个小节说明两个小主题，而这样的方式很可能会对知识的整合产生不良影响。比较好的方式是用分类与归纳的方法建立知识体系的思维导图，我以人教版《物理》（八年级上册）的第一章到第六章的目录大纲为大家做个范例（图3-5-5f）。

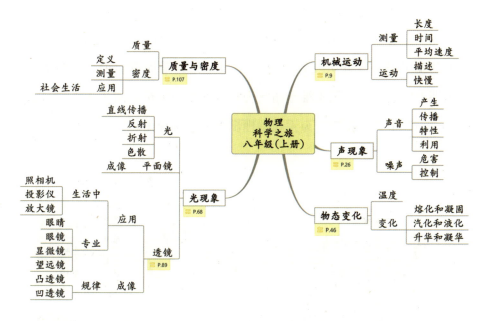

图3-5-5f　说明文结构的示范案例：物理科学之旅（知识体系思维导图）

我将具有相同概念的小节归纳在一起，例如第一章中的第一节与第四节都提到了"测量"，第二节与第三节都有"运动"。同时我也把类似的章合并，例如第五章"透镜及其应用"是针对第四章"光现象"作出的更深入的生活应用说明，因此我把这两章合并在了一起。

为了便于大家理解，我增加了几个层级概念、关键词，例如在第五章"透镜及其应用"中的几个小节里介绍了眼睛、眼镜、显微镜、望远镜等，而第五章第二节"生活中的透镜"提到了照相机、投影仪、放大镜等，所以我在"眼睛、眼镜、显微镜、望远镜"之上提取了一个上位阶的层级概念"专业"，以对应"照相机、投影仪、放大镜"的"生活中"。

在第五章第三节"凸透镜的成像规律"中虽然只介绍了凸透镜，但第四节"眼睛与眼镜"中有凹透镜的介绍，因此我在"成像—规律"之下增加了"凹透镜"这个关键词，让这张思维导图显得更完整。

有了学科知识结构思维导图，掌握了学科的知识概貌之后，接下来我们将展开每一个单元主题的深入学习，也就是提炼知识、组织知识，圈出课本中的重点，用思维导图整理自己的学习笔记。图3-5-5g是以第一章第一节中的"长度"为主题整理出来的思维导图。

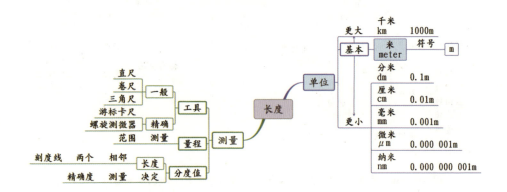

图 3-5-5g　说明文结构的示范案例：长度

化学学科说明文结构：物质的变化和性质

化学课本的内容基本上也是以说明文的形式呈现的，思维导图学习笔记的整理方式与数学、物理是相同的。我用九年级上册课题一"物质的变化和性质"来解释说明文结构的概念模块中的"定义""案例"。

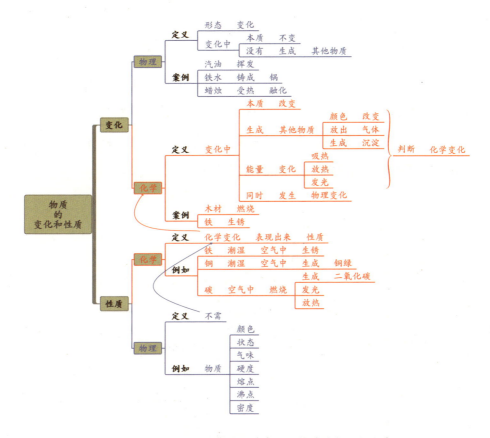

图 3-5-5h　说明文结构的示范案例：物质的变化和性质

地理学科说明文结构：《黄河》

地理课本的内容大多也属于说明文，一般将它与历史一起归入社会科学，一般要拿高分、获得好成绩应该不会太难，但是，偏偏有些学生觉得自己的记忆力不好，看到历史、地理这些需要"背"的科目就头疼，其实这都源于偏见与误解。

哪一门学科不需要"背"呢？都需要！但是全部死记硬背有用吗？没用！任何一个科目的学习都需要先理解课本内容，再进行记忆。其实，当我们理解课本内容之后，即使没有去特别记忆，也能记住大部分内容。

所以，想要学好地理，首先得清楚，如何学习"地理"这门学科（图 3-5-5i），然后梳理一下初中、高中阶段的地理学习范畴（图 3-5-5j）。也就是我一直强调的"先见到林，再看到树"的系统性的学习方式，先掌握知识的整体概貌，再钻研细节。各位是否发现，图 3-5-5i 这张"如何学习地理思维导图"也是说明文的结构。

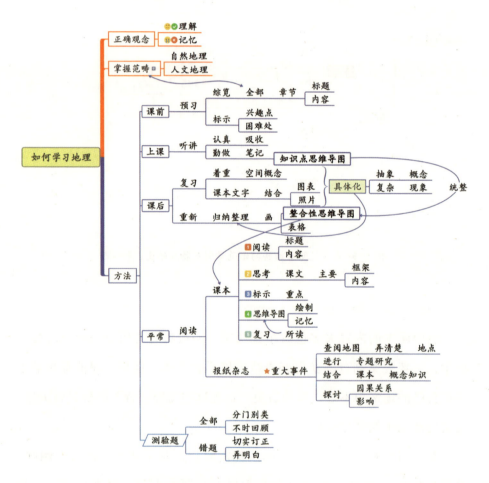

图 3-5-5i　如何学习地理思维导图

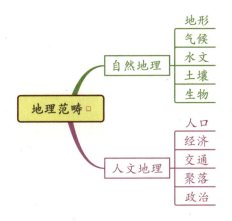

图 3-5-5j　地理学习范畴思维导图

接下来，我用地理书上《黄河》这一课为大家示范绘制听课之后的知识点思维导图。你可以先在白纸上以手绘的方式整理，回家之后再用电脑软件整理一次，重新梳理一下内容重点，这是很好的复习过程，可以加深记忆的效果。

这张思维导图有一个小技巧需要大家注意。在"水系—下游"的最后有一个关键词，是黄河决口改道所带来的"灾难"，课本中以单个模块的文章补充说明"历史上的黄河之患"。如果这些内容接在"灾难"之下，其实也可以，但是会让"水系—下游"这一分支的层级太多，不但不利于记忆，而且无法凸显"历史上的黄河之患"这个主题。因此可以另画一张小的思维导图，然后用关联线条从"灾难"指向"历史上的黄河之患"。

教育心理学家盖聂与耶科维奇（Yekovich）在《教学心理学：学习的认知基础》（*The Cognitive Psychology of School Learning*）一书中指出，从信息处理的观点来看，可以将阅读理解的历程分为解码、文义理

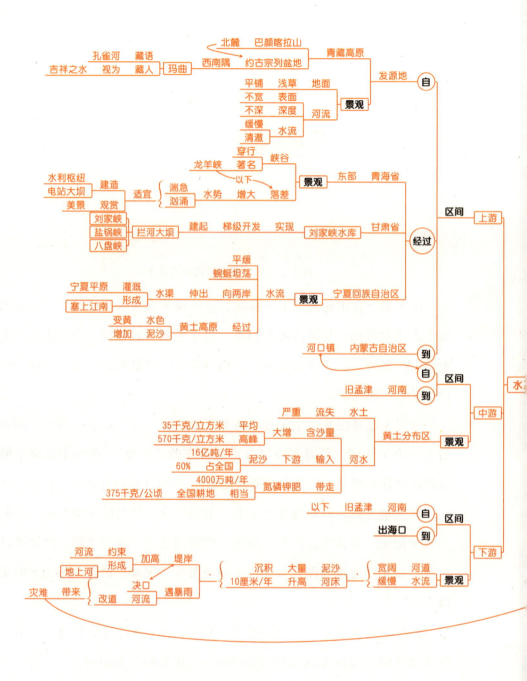

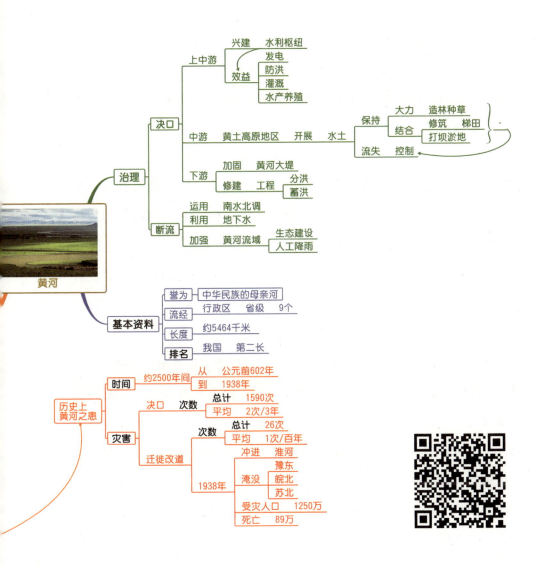

图 3-5-5k　说明文结构的示范案例《黄河》

解（literal comprehension）、推论理解（inferential comprehension）及理解监控（comprehension monitoring）四个部分。

大部分学生在准备升学考试的时候，最多只做到了对文义的理解，也就是在理解了书本上的知识后，接着便采取背诵策略，谁在背诵上下的功夫大，谁就能拿到好成绩。如果只是做做单一、简单、有标准答案的题目时，或许能够游刃有余，一旦碰到应用题、综合题、批判性思维题时，恐怕就"黔驴技穷"了。

因此，在平时读书学习的时候，就要培养自己更高层次的阅读理解能力，即推论理解与理解监控两个方面的能力。推论理解意指学生阅读文章之后能产生更深层和更广泛的理解，包括对知识内容的统整（integration）、摘要（summarization）、精致化（elaboration），进而掌握文章中更深层的意义，并与自己过往的生活经验或已习得的知识进行"链接"，提升记忆效果。相信大家从思维导图的学习笔记中就可以发现，思维导图法是实践知识统整、摘要与精致化的好方法。

例如，从《黄河》这张思维导图中我们可以清楚地看出，与我们生活紧密相关的就是"历史上的黄河之患"，会有此患是因为黄河下游泥沙大量沉积，下游泥沙之所以会大量沉积是因为在中游时河水含沙量大增，中游含沙量大增是因为黄河上游流经了黄土高原。因此，我们可以在思维导图中，先将"黄土高原"这个关键词的样式从下画底线改成圆角矩形，加粗字体，并采用不同颜色的关联线条，在指出造成下游灾难的一系列因果关系的同时也提醒自己，这部分可能是一个考试重点（图3-5-51）。

我们从思维导图中也发现，原来"黄土高原"是一个很重要的知识点，但课文中没有详细介绍，怎么办？这时就该采取理解监控的方法了。

黄河

治理 — 决口 / 断流

基本资料

历史上黄河之患

水系
- 上游
  - 区间
    - 自 — 发源地 — 青藏高原
    - 经过 — 青海省 / 甘肃省 / 宁夏回族自治区
    - 到 — 河口镇 — 内蒙古自治区
  - 景观
    - 地面：平铺、浅草
    - 表面：不见、深度
    - 河流：深度、缓慢、清澈
    - 水流
    - 经过 黄土高原：平缓、蜿蜒坦荡、向两岸、经过
    - 水色：变黄、增加
    - 泥沙
- 中游
  - 区间
    - 到 — 河南
    - 自 — 河口镇
    - 到 — 旧孟津
  - 景观
    - 黄土分布区
    - 水土：严重、流失、含沙量 大增（平均 35千克/立方米、黄峰 570千克/立方米）
    - 河水：输入、带走、氮磷钾肥、下游、以下
- 下游
  - 区间
    - 自 — 出海口
    - 到 — 河南、旧孟津
  - 景观
    - 宽阔、河道
    - 缓慢、水流
    - 泥沙：沉积、大量、10厘米/年、升高、河床
    - 地上河：河流、约束、加高、堤岸、决口、河流、遇暴雨、形成、改道、带来、灾难

图 3-5-51 推论理解的案例《黄河》

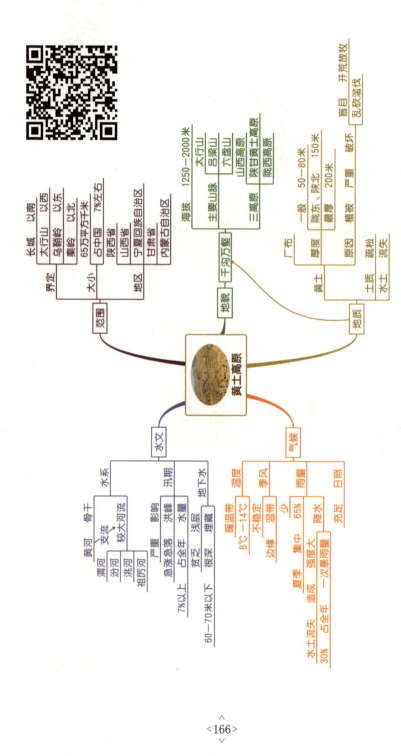

图 3-5-5m　因理解监控的需要而增加的黄土高原思维导图

<166>

　　理解监控是一套后设认知技巧，其步骤包括设定目标（goal setting）、选择策略（strategy selection）、检核目标（goal checking）、补救（remediation）等，它持续发生在整个阅读学习的过程中。一开始，学生设定阅读学习的目标，并选择适当的读书策略来完成所设定的目标，学习期间会持续检核目标是否已经达成，或达到何种程度；如有不懂之处，会找出原因并采取相关的补救措施。

　　我们可以针对"黄土高原"这个知识点，上网查询或到图书馆找数据，将它整理成另外一张思维导图。如果你使用电脑软件整理，可将"黄土高原"这张思维导图与《黄河》这张思维导图当中的"黄土高原"这个关键词做超链接，复习《黄河》的时候，点击"黄土高原"这个关键词就能打开"黄土高原"的思维导图。

　　以上是我针对地理学科《黄河》这一课所示范的"推论理解"与"理解监控"的做法，这种方法也适用于其他学科。

历史学科说明文结构：《中国早期人类的代表——北京人》

　　历史课本除了故事类的材料，其实还有很大一部分讲解的是各国历史演进、社会变迁、制度变革等内容，这些则属于说明文的范畴，其内容都不太深，考试时拿不到高分就太可惜了。因此，我先用思维导图说明如何学习历史这门学科。从图 3-5-5n 这张思维导图中，大家可以看到，学习的第一个步骤就是要总揽全局，掌握架构及整体与局部的关系。在做笔记的时候，不但要抓住重难点，而且要系统整理，这也充分说明了将思维导图法作为学习策略的优越性。

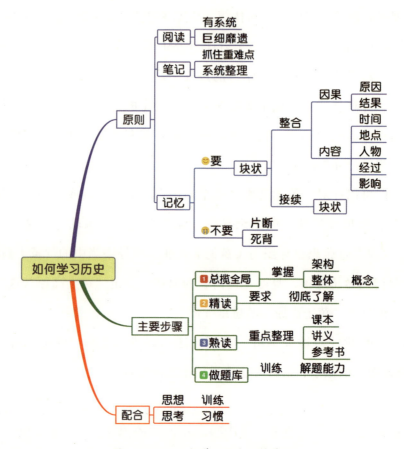

图 3-5-5n　如何学习历史思维导图

　　许多教科书或教师教学用书中常常会以思维导图的形式帮助学生、教师梳理知识脉络。在人教版《中国历史（七年级上册）》的教师教学用书中，即采用了思维导图的方式来说明知识结构。我以人教版《中国历史（七年级上册）》第一课《中国早期人类的代表——北京人》一例，为大家示范绘制历史学科说明文结构案例。

　　在图 3-5-5o 这张思维导图中，与线条同色的文字是课本上的内容。黑色字是为了帮助学生理解知识而增加的层级概念，或教师根据教学用书所补充的额外信息，这样可以让学生学习起来更有完整性。

在课本中，关于中国境内所发现的古人类遗址，罗列了 13 个省市，这对学生而言，不仅难以在脑海中形成分布区域的概念，也难以记忆。因此，我先根据中国七大地理分区进行分类，然后将课本中所列出的省市写在七大地理分区之下。

另外，课本中有个小批注，用以解说"化石"这个概念。化石是考古的重要证据，学生在博物馆应该都见过，但对它是如何形成的却不一定了解。因此，认识化石也算是本课的延伸学习内容之一，我在"化石"这个关键词旁用一个小思维导图来说明它。

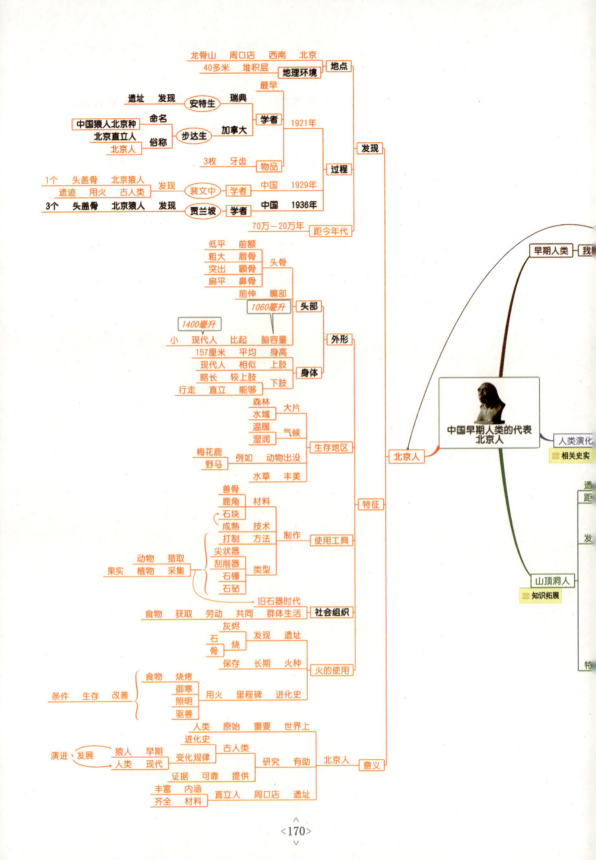

龙骨山　周口店　西南　北京
40多米　堆积层　**地理环境**　**地点**

遗址　发现　*安特生*　瑞典
最早
中国猿人北京种　**命名**
北京直立人　*步达生*　加拿大　**学者**　1921年
北京人　**俗称**
3枚　牙齿　**物品**　**过程**　**发现**

1个　头盖骨　北京猿人　发现　*裴文中*　**学者**　中国　1929年
遗迹　用火　古人类
3个　头盖骨　北京猿人　发现　*贾兰坡*　**学者**　中国　1936年
70万−20万年　**距今年代**

低平　前额
粗大　眉骨
突出　颧骨　**头骨**
扁平　鼻骨
前伸　嘴部
1060毫升　**头部**
1400毫升
小　现代人　比起　脑容量　**外形**
157厘米　平均　身高
现代人　相似　上肢　**身体**
略长　较上肢　下肢
行走　直立　能够

森林　大片
水域
温暖　气候
湿润　**生存地区**
梅花鹿
野马　例如　动物出没
水草　丰美

兽骨
鹿角　材料
石块
成熟　技术
打制　方法　制作　**使用工具**
尖状器
动物　猎取
刮削器　类型
果实　植物　采集
石锤
石砧
旧石器时代

食物　获取　劳动　共同　群体生活　**社会组织**

灰烬
石　发现　遗址
骨　烧
保存　长期　火种　**火的使用**

食物　烧烤
御寒
条件　生存　改善　用火　里程碑　进化史
照明
驱兽

人类　原始　重要　世界上
进化史
演进、发展　猿人　早期　变化规律　古人类　研究　有助　北京人　**意义**
人类　现代
证据　可靠　提供
丰富　内涵　直立人　周口店　遗址
齐全　材料

早期人类　我[
北京人　**中国早期人类的代表**　**北京人**　**人类演化**　**相关史实**
特征
山顶洞人　**知识拓展**

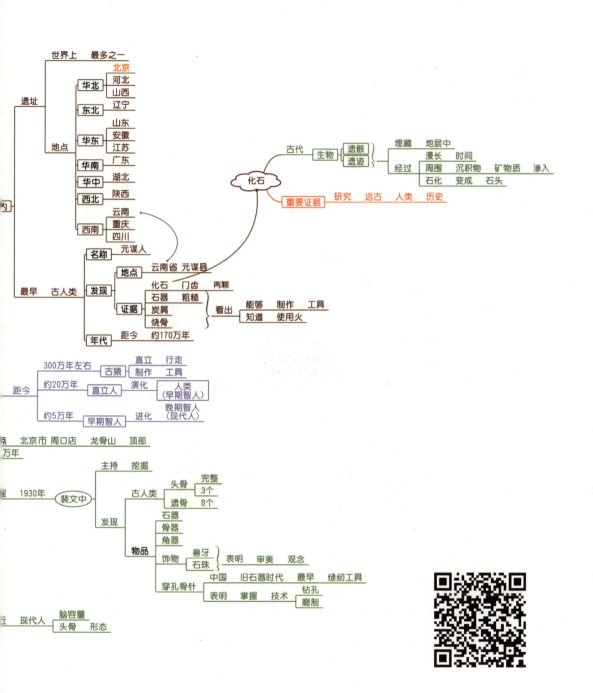

图 3-5-5o　说明文结构的示范案例《中国早期人类的代表——北京人》

论说文结构的概念模块

论说文是议论文与说明文的结合体，是根据主题，依事物的原理、法则分别从正面、反面及各种角度的观点加以分析、说明，最后得出结论的文章。其思维导图的概念模块如图 3-5-6a。

图 3-5-6a 论说文结构的概念模块

西方对于论说文的文章结构有所谓的三段结构说，就是将论说文分成绪论、本论与结论三个部分来进行写作与阅读的入门引导。其实，中国传统写作要求的"起、承、转、合"四段结构才是一篇好文章的基本结构。

语文论说文结构：《谏逐客书》

我以先秦时期李斯的《谏逐客书》部分内容为例，为大家说明"起、

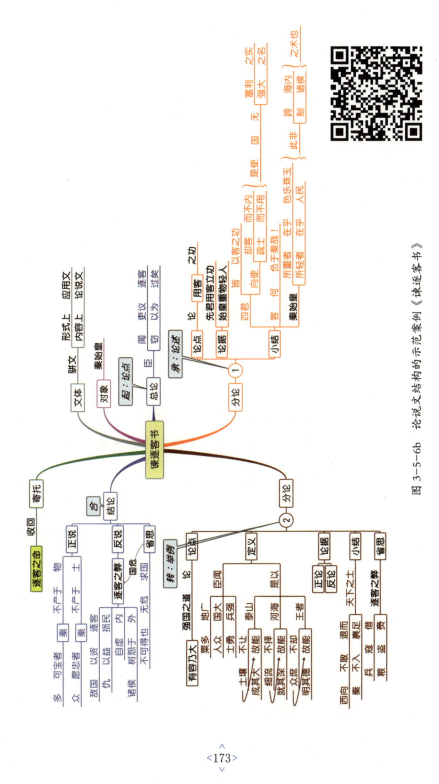

图 3-5-6b　论说文结构的示范案例《谏逐客书》

承、转、合"结构融入论说文概念模块中的思维导图应用技巧。主结构以"总论""分论"与"结论"为主，再加上"文体""对象"与"寄托"，就可以把与文章相关的知识点，以及作者撰写此文的目的都涵盖进来。

"总论"是本文的主要论点，属于"起"的部分；第一个"分论"是通过"论点""论据"与"小结"进行相关论述的，属于"承"的部分，其论点在于讨论说明"用客之功"；第二个"分论"是以举例的手法说明强国之道有容乃大的，属于"转"的部分；在"结论"以"正说"与"反说"来省思逐客之弊，属于文章最后"合"的部分。

6 文言文中的虚词

● ● ●

在文言文中，我们会看到许多虚词，一般来说，学生能完全掌握实词已属不易，何况是虚词。但语文考试中偏偏就会出现虚词的试题，因此，中学生非常有必要把虚词搞懂弄通。

文言文中的虚词一般指不作句子成分、不表示实际意义的词。依其功能可分为副词、介词、连词、助词、叹词和拟声词等六类。根据思维导图法的操作定义，关键词基本以名词与动词为主，因此在思维导图中，虚词基本上是可以省略的。虽然虚词在文章中只占一小部分，但其作用却很大，有时候一个虚词之差，意思便大不相同；如果能巧妙运用虚词，可以为文章增色不少。因此，整理文言文的思维导图笔记时，需要注意省略虚词之后是否会造成理解上的差异。以下我以魏晋时期王羲之的《兰亭集序》为例，为大家示范省略与保留虚词两种情况的思维导图笔记。

<174>

兰亭集序

　　永和九年，岁在癸丑，暮春之初，会于会稽山阴之兰亭，修禊事也。群贤毕至，少长咸集。此地有崇山峻岭，茂林修竹，又有清流激湍，映带左右，引以为流觞曲水，列坐其次。虽无丝竹管弦之盛，一觞一咏，亦足以畅叙幽情。

　　是日也，天朗气清，惠风和畅。仰观宇宙之大，俯察品类之盛，所以游目骋怀，足以极视听之娱，信可乐也。

　　夫人之相与，俯仰一世。或取诸怀抱，悟言一室之内；或因寄所托，放浪形骸之外。虽趣舍万殊，静躁不同，当其欣于所遇，暂得于己，快然自足，不知老之将至；及其所之既倦，情随事迁，感慨系之矣。向之所欣，俯仰之间，已为陈迹，犹不能不以之兴怀，况修短随化，终期于尽！古人云："死生亦大矣。"岂不痛哉！

　　每览昔人兴感之由，若合一契，未尝不临文嗟悼，不能喻之于怀。固知一死生为虚诞，齐彭殇为妄作。后之视今，亦犹今之视昔，悲夫！故列叙时人，录其所述，虽世殊事异，所以兴怀，其致一也。后之览者，亦将有感于斯文。

帮助阅读理解且记忆全文的思维导图

　　为了提升大家对文章的理解，依据文体与写作手法，我们可以针对内容通过概念模块进行分析，同时为了能够完整地背诵全文内容，除了实词、虚词都得出现之外，还须依照文章的内容顺序，在思维导图中呈现出来。例如在图 3-6-1 中，我是从右上方以顺时针方向列出"叙事""自然"与"议论"三大主题的。换句话说，从这三大主题中，我们可以知道《兰亭集序》是一篇先叙事、再写景、最后议论的文章。这种将不同类型概念模块列到一起的思维导图技巧，我在本书第四章会为大家详细解说。

帮助阅读理解但不逐字记忆的思维导图

如果说我们用思维导图整理读书笔记的目的是为了理解文章的意义，那么在不影响理解的前提下，可以精简思维导图中的关键词。在文言文的思维导图整理笔记中，大部分虚词都是可以省略的。

图 3-6-2 这张思维导图是模拟一位中学生在初次学习《兰亭集序》时的学习笔记，因此仅略掉一小部分不影响文义的虚词。例如"俯仰之间"可简化为"俯仰间"，但"宇宙之大"还是保留"之"，并拆解为"宇宙—之大"，实词则全部保留。

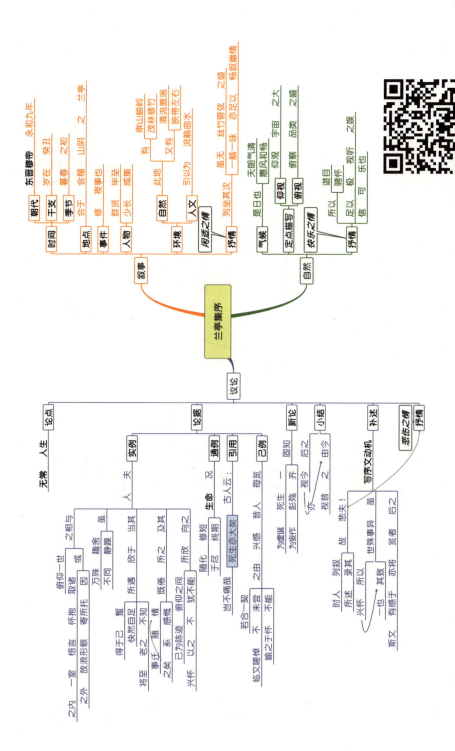

图 3-6-1　帮助阅读理解且记忆全文的思维导图《兰亭集序》

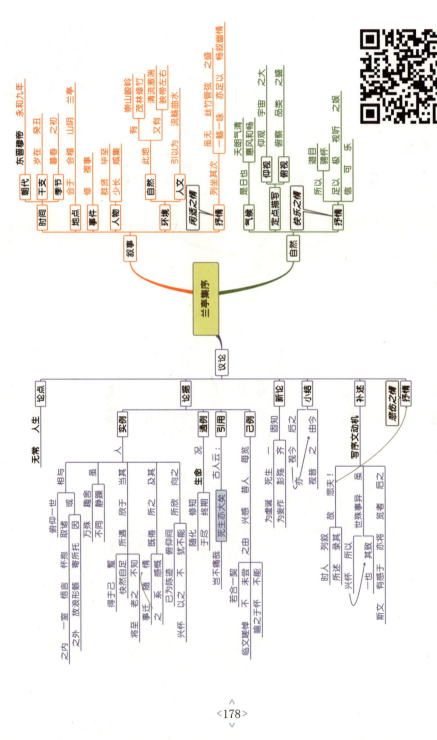

图 3-6-2 帮助阅读理解但不逐字记忆的思维导图《兰亭集序》

第四章

思维导图法融入中学语文学科的进阶应用

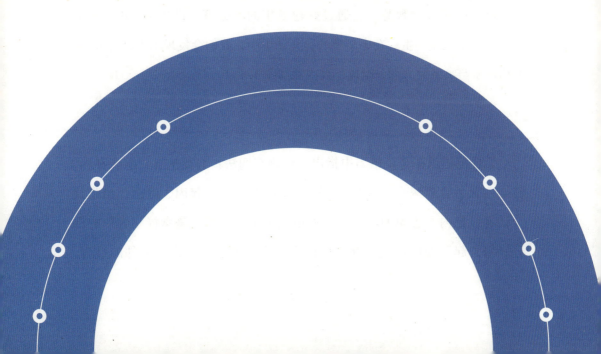

语文是其他学科的基础，根据课文的文体，我们可以将第三章所说明的各种概念模块作为分析一篇文章并展开思维导图分类的依据，以帮助大家在阅读文章时理解充分。将这些概念模块内化为大脑的思维模式，除了对写作很有帮助，也能让学生从小养成遇到问题主动思考、寻求合适的模式来分析事物的习惯。

在本章中，我将进一步说明单一概念模块有哪些常见的内容和形式；同一篇文章，学习目的不同，思维导图笔记的呈现方式也不同；根据作者的写作手法，会出现双重甚至多重的概念模块，遇到这种情况我们该如何拆解一篇文章，思维导图的分类阶层该如何布局才能帮助我们有效地理解。在本章中，我将以中学语文的几篇经典课文为例，为大家进行解析说明。

1 单一概念模块：寓言故事

● ● ●

寓言故事富含智慧，它通过妙趣横生的小故事，讲述生活中的大道理，让孩子受益终生。在中小学的语文课本中，我们会发现不少寓言故事，它由故事与寓意两大部分组成，其内涵如图 4-1-1。

单一概念模块：寓言故事

元代范德玑在《诗格》中指出，作诗有四法：起要平直，承要春容，转要变化，合要渊永。起，是一篇文章的开头，是起因、缘由，也是找个话题，把内心想说的话，开门见山地引出来；承，是承接"起"的部分，对"起"加以申述，继续把话说下去、说明白，这是事件的过程，也是议论的主体；转，是转折，是为了避免文章过于平铺直叙而制造一些波澜；合，是回到正题，对该事件的主题、议论进行总结，表达内心的感受或提出见解，这是全文的结尾。

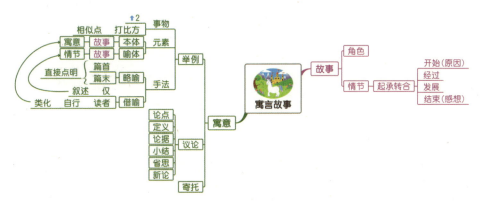

图 4-1-1　寓言故事的内涵思维导图

"起承转合"是诗文写作常用的结构，也是写作文的基本框架。例如绝句第一句为起，第二句为承，第三句为转，第四句为合。

唐宋八大家之一的柳宗元，当年怀才不遇，借景抒情作诗《江雪》，我们就以其为例。

起："千山鸟飞绝"，偌大的宇宙，不见飞鸟。

承："万径人踪灭"，也不见人们的踪迹。

转："孤舟蓑笠翁"，只有披着蓑衣、戴着斗笠的老翁。

合："独钓寒江雪"，静坐江边垂钓，谁能体会老翁沉重的心情呢？

接下来，我以明朝名臣刘基所著的《郁离子》中《狙公》一文为例，为大家解析说明起承转合结构的思维导图。

狙公

楚有养狙以为生者，楚人谓之狙公。

旦日，必部分众狙于庭，使狙率以之山中，求草木之实，赋什一以自奉。或不给，则加鞭棰焉。群狙皆畏苦之，弗敢违也。

一日，有小狙谓众狙曰："山之果，公所树与？"

曰："否也，天生也。"

曰："非公不得而取与？"

曰："否也，皆得而取也。"

曰："然则吾何假于彼而为之役乎？"

言未既，众狙皆寤。

其夕，相与伺狙公之寝，破栅毁柙，取其积，相携而入于林中，不复归。狙公卒馁而死。

郁离子曰："世有以术使民而无道揆者，其如狙公乎？惟其昏而未觉也，一旦有开之，其术穷矣！"

《郁离子》采用的是寓言故事的写作手法，开头先介绍故事背景，然后一群猴子出场，精彩地衍生出了故事的起承转合。最后，作者在文章末尾说明了这则寓言故事给读者的启示。按照起承转合的结构，起是故事的开始，一只小猴子提出它的疑惑及猴群的回话；承是故事的第一个经过，描述小猴子进一步追问及猴群的回话；转是故事的第二个经过，当小猴子再进一步追问时，猴群突然觉悟；合是故事的结果，猴群趁养猴人睡觉的时候，毁掉笼子，逃入山林不再回来，养猴人最后被饿死。

为了帮助学生理解，这张思维导图用方框将课文的原文纳入其中。在解构文章时，亦根据内容先进行分类说明，例如"地点""人物""事件""时间""小狙一问""众狙一答"等，并以黑色字表示，以有别于思维导图中以彩色字呈现的文章内容。在这张思维导图中，请大家注意

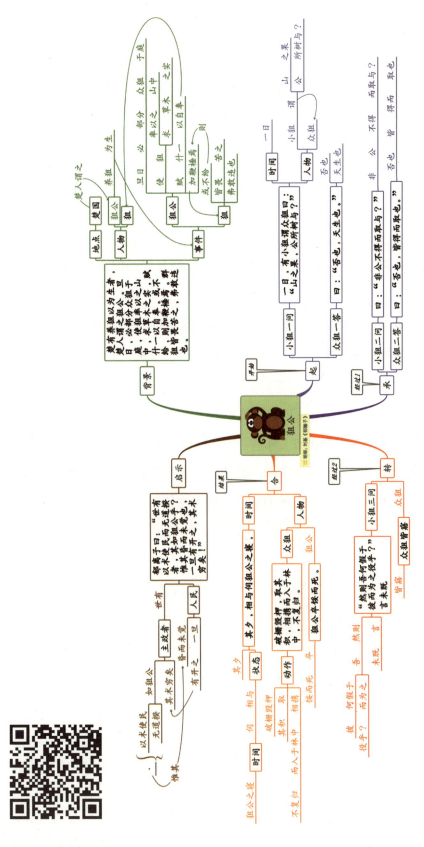

图 4-1-2 单元概念模块：寓言故事的起承转合《狙公》

一下，我使用了关联线条来指出和说明不同关键词之间的关系，以帮助大家充分理解故事内容。

2 单一概念模块：记叙文

● ● ● ●

记叙文的意义与功能在本书第三章中已经有详细的说明，并以一张思维导图（图 3-5-1a）说明了记叙文结构的概念模块。

在本节中，我将用课文案例进一步为大家解析记叙文中记人、叙事与写景的类型与内容内涵（图 4-2-1a、图 4-2-1b、图 4-2-1c、图 4-2-1d）。

单一概念模块：记人类记叙文《五柳先生传》

在第三章中，我曾经用《虬髯客传·红拂女》一文为大家讲解小说结构的思维导图，实际上，它也是一篇典型的记人类记叙文，大家可以回顾参考一下。本节另以东晋陶渊明的《五柳先生传》为例进行示范解说。

五柳先生传

先生不知何许人也，亦不详其姓字，宅边有五柳树，因以为号焉。闲静少言，不慕荣利。好读书，不求甚解；每有会意，便欣然忘食。性嗜酒，家贫不能常得。亲旧知其如此，或置酒而招之；造饮辄尽，期在必醉。既醉而退，曾不吝情去留。环堵萧然，不蔽风日；短褐穿结，箪瓢屡空，晏如也。常著文章自娱，颇示己志。忘怀得失，以此自终。

赞曰：黔娄之妻有言："不戚戚于贫贱，不汲汲于富贵。"其言兹若人之俦乎？衔觞赋诗，以乐其志，无怀氏之民欤？葛天氏之民欤？

《五柳先生传》是一篇"传记体"的记叙文，在这短短两段文字中，作者首先解释了自己称号的由来，接着描述自己的个性、爱好读书、志趣（饮酒与写文章）、居家状况，然后评论自己的日常生活，最后以黔娄之妻的话做总结。由"闲静少言，不慕荣利"的情怀贯穿整篇文章，因此在"个性"这个分支我采用红色表示其重要性，并以浮云样式凸显差异。同时在每个小主题分支上标上序号，表明在文章中出现的顺序。

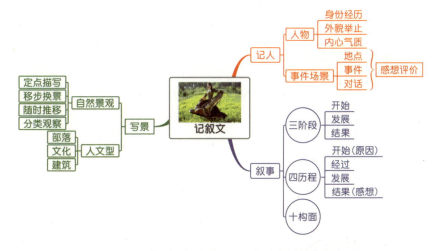

图 4-2-1a　单一概念模块：记叙文的类型与内容内涵

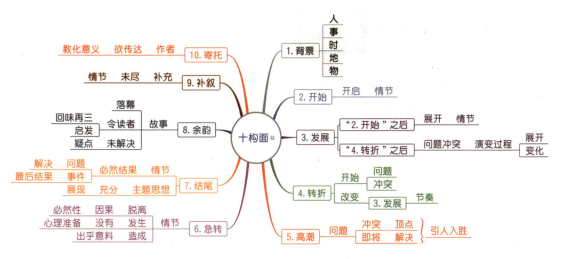

图 4-2-1b　单一概念模块：记叙文叙事中的十构面

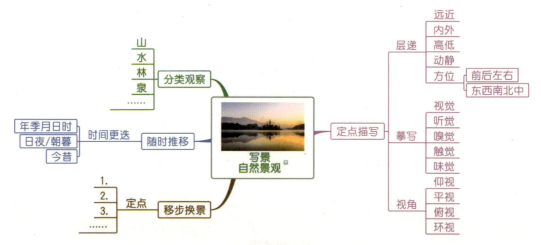

图 4-2-1c 单一概念模块：写景类记叙文（自然景观）

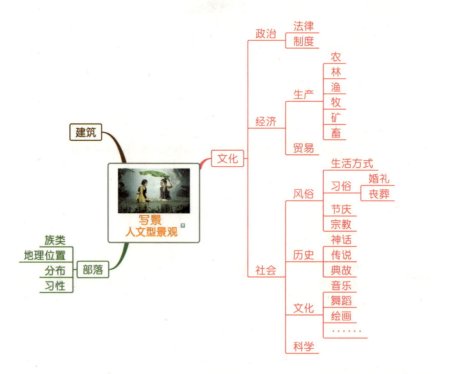

图 4-2-1d 单一概念模块：写景类记叙文（人文型景观）

<186>

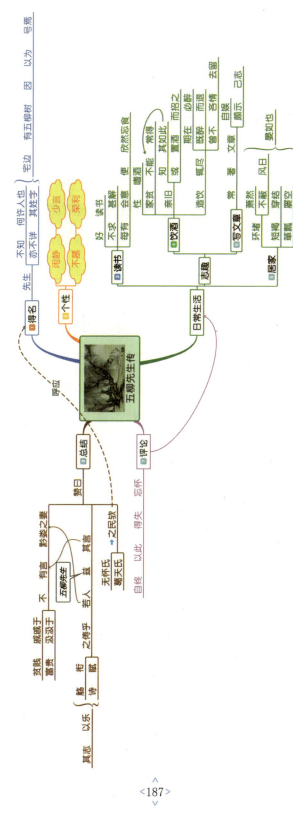

图 4-2-2 单一概念模块：记人类记叙文《五柳先生传》

另外，文言文中的文字极为精炼，虽然注释中有解释说明，但有时还是令人费解。例如这篇文章总结的部分，"其言"中的"其"是谁？"兹""若人"又是指谁？可在思维导图中以关联线条或标注来示意。

单一概念模块：叙事类记叙文《战国策·冯谖客孟尝君》

公元前475年—公元前221年是我国的战国时期，当时各诸侯国试图称雄争霸，展开了激烈的兼并战争。各国统治者用各种方式网罗人才、培植亲信、厚植羽翼，一时之间养士之风大为盛行。

《战国策》是中国古代的史学名著，主要记述了战国时期说客们的言行。《冯谖客孟尝君》是《战国策》中的代表性作品，其布局之巧妙和刻画人物之生动令人赞叹。孟尝君是以养士闻名的战国四公子之一，冯谖则是他门下的食客。冯谖为了报答孟尝君的知遇之恩，积极地帮助孟尝君巩固政治地位，同时也展现了自己作为谋士的高瞻远瞩和足智多谋。

冯谖客孟尝君

齐人有冯谖者，贫乏不能自存，使人属孟尝君，愿寄食门下。孟尝君曰："客何好？"曰："客无好也。"曰："客何能？"曰："客无能也。"孟尝君笑而受之曰："诺。"

左右以君贱之也，食以草具。居有顷，倚柱弹其剑，歌曰："长铗归来乎！食无鱼。"左右以告。孟尝君曰："食之，比门下之客。"居有顷，复弹其铗，歌曰："长铗归来乎！出无车。"左右皆笑之，以告。孟尝君曰："为之驾，比门下之车客。"于是乘其车，揭其剑，过其友曰："孟尝君客我。"后有顷，复弹其剑铗，歌曰："长铗归来乎！无以为家。"左右皆恶之，以为贪而不知足。孟尝君问："冯公有亲乎？"对曰，"有老母。"孟尝君使人给其食用，无使乏。于是冯谖不复歌。

后孟尝君出记，问门下诸客："谁习计会，能为文收责于薛者乎？"冯谖署曰："能。"孟尝君怪之，曰："此谁也？"左右曰："乃歌夫长铗归来者也。"孟尝君笑曰："客果有能也，吾负之，未尝见也。"请而见之，谢曰："文倦于事，愦于忧，而性懧愚，沉于国家之事，开罪于先生。先生不羞，乃有意欲为收责于薛乎？"冯谖曰："愿之。"于是约车治装，载券契而行，辞曰："责毕收，以何市而反？"孟尝君曰："视吾家所寡有者。"

驱而之薛，使吏召诸民当偿者，悉来合券。券遍合，起，矫命，以责赐诸民。因烧其券。民称万岁。

长驱到齐，晨而求见。孟尝君怪其疾也，衣冠而见之，曰："责毕收乎？来何疾也！"曰："收毕矣。""以何市而反？"冯谖曰："君之'视吾家所寡有者'。臣窃计，君宫中积珍宝，狗马实外厩，美人充下陈。君家所寡有者，以义耳！窃以为君市义。"孟尝君曰："市义奈何？"曰："今君有区区之薛，不拊爱子其民，因而贾利之。臣窃矫君命，以责赐诸民，因烧其券，民称万岁。乃臣所以为君市义也。"孟尝君不悦，曰："诺，先生休矣！"

后期年，齐王谓孟尝君曰："寡人不敢以先王之臣为臣。"孟尝君就国于薛，未至百里，民扶老携幼，迎君道中。孟尝君顾谓冯谖："先生所为文市义者，乃今日见之。"

冯谖曰："狡兔有三窟，仅得免其死耳；今君有一窟，未得高枕而卧也。请为君复凿二窟。"孟尝君予车五十乘，金五百斤，西游于梁，谓惠王曰："齐放其大臣孟尝君于诸侯，诸侯先迎之者，富而兵强。"于是梁王虚上位，以故相为上将军，遣使者黄金千斤，车百乘，往聘孟尝君。

冯谖先驱，诚孟尝君曰："千金，重币也；百乘，显使也。齐其闻之矣。"梁使三反，孟尝君固辞不往也。

齐王闻之，君臣恐惧，遣太傅赍黄金千斤、文车二驷，服剑一，封书，谢孟尝君曰："寡人不祥，被于宗庙之祟，沉于谄谀之臣，开罪于君。寡人不足为也；愿君顾先王之宗庙，姑反国统万人乎！"冯谖诚孟尝君曰："愿请先王之祭器，立宗庙于薛。"庙成，还报孟尝君曰："三窟已就，君姑高枕为乐矣。"

孟尝君为相数十年，无纤介之祸者，冯谖之计也。

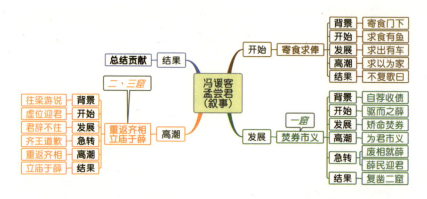

图 4-2-3a　单一概念模块：叙事类记叙文《冯谖客孟尝君》主要结构

乍看之下本文确实是一篇叙事类的记叙文，因此思维导图笔记可以从"开始—经过—结果""开始—经过—发展—结果"或"开始—发展—高潮—结果"等几个结构来分析文章，这可以让我们清楚地掌握故事的情节与发展。

由于这篇文章的内容颇多，因此在思维导图中，应当先建立主要结构，即"开始—寄食求俸""发展—焚券市义""高潮—重返齐相立庙于薛""结果—总结贡献"，并在每个主题之下，说明它所包含的几个次主题。（图 4-2-3a）

接着再分别以叙事类的结构"背景—开始—发展—急转—高潮—结果"将各个次主题"寄食求俸"（图4-2-3b）、"焚券市义"（图4-2-3c）、"重返齐相立庙于薛"（图4-2-3d）、"总结贡献"（图4-2-3e）展开。

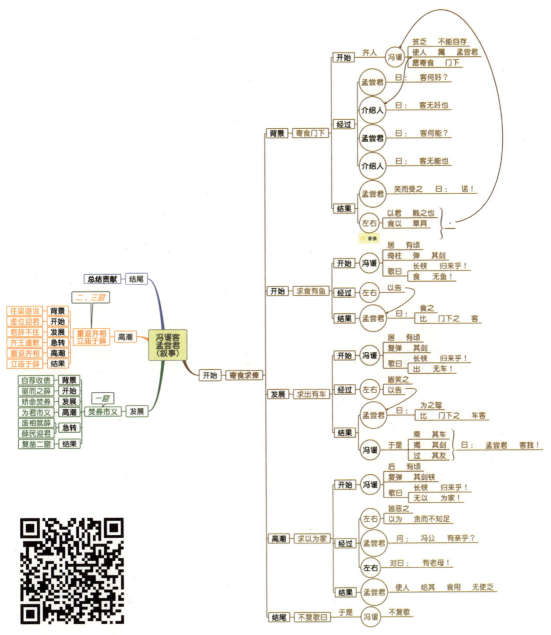

图 4-2-3b 单一概念模块：叙事类记叙文《冯谖客孟尝君》寄食求俸

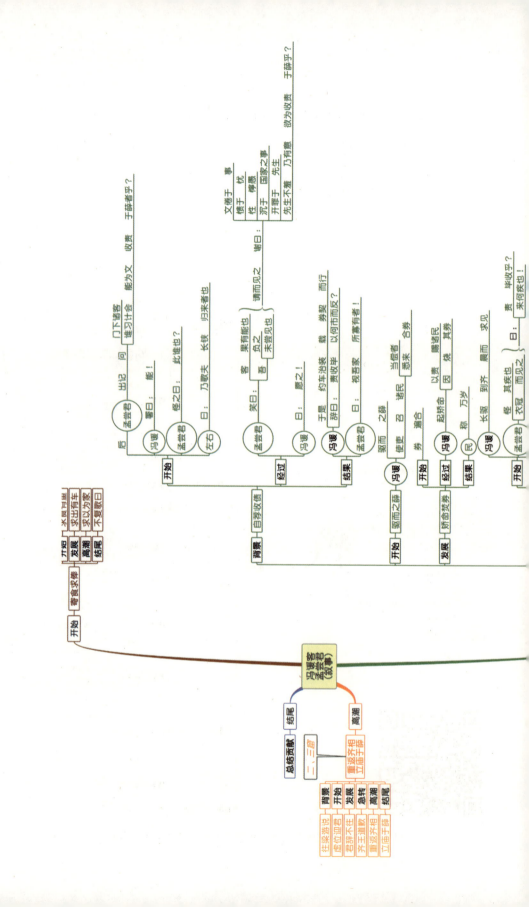

图 4-2-3c 单一概念模块：叙事类记叙文《冯谖客孟尝君》焚券市义

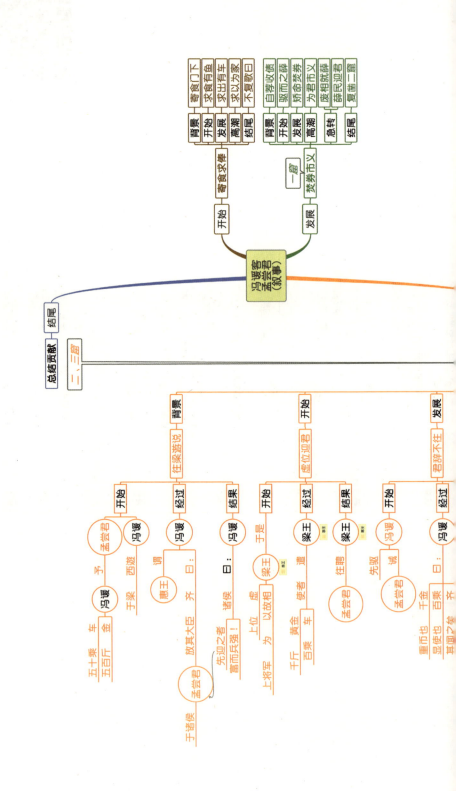

冯谖客孟尝君（叙事）

开始 —— 寄食求棒
- 背景 —— 寄食门下
- 开始 —— 求食有鱼
- 发展 —— 求出有车
- 高潮 —— 求以为家
- 结尾 —— 不复歌日

发展 —— 焚券市义
- 一窟
  - 背景 —— 自荐收债
  - 开始 —— 驱而之薛
  - 发展 —— 矫命焚券
  - 高潮 —— 为君市义
  - 急转 —— 废相就薛
  - 结转 —— 薛民迎君
  - 结尾 —— 复窟二窟

二、三窟

结尾 —— 总结贡献

任梁游说
- 背景
- 开始
  - 孟尝君 —— 予 冯谖 车 五十乘 五百斤 金
  - 冯谖 —— 于梁 西游
- 经过
  - 冯谖 —— 谓 惠王 于诸侯 放其大臣
    - 先迎之者 富而兵强！（孟尝君）
- 结果
  - 冯谖 日：诸侯 先迎之者 富而兵强！

虚位迎君
- 开始 —— 于是 梁王 虚 上位 以故相 为 上将军
- 经过 —— 梁王（惠王）遣 使者 黄金 千斤 车 百乘 任聘 孟尝君
- 结果 —— 梁王（惠王）先驱 诫 孟尝君

君辞不任
- 开始 —— 冯谖 日：千金 重币也 百乘 显使也 齐 其闻之矣
- 发展 —— 冯谖 经过

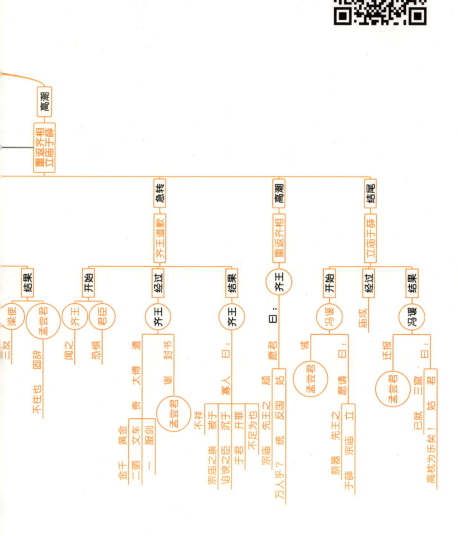

图 4-2-3d 单一概念模块：叙事类记叙文《冯谖客孟尝君》重返齐相立庙于薛

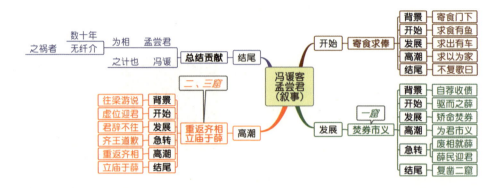

图 4-2-3e　单一概念模块：叙事类记叙文《冯谖客孟尝君》总结贡献

　　有时候，在同一篇文章中，我们不只想知道故事的情节，还想了解该作品的艺术表现。这时，我们可以先从不同的主题方向进行主分支的分类，然后在每个主分支之下，再以叙事的结构进行解析。

　　这篇文章以冯谖与孟尝君两人的名字为题，内容也是叙述两人的故事，因此采取记叙文中记人的结构，将文章中对两人身份经历、性格、形象等的描述单独整理成一张思维导图（图 4-2-4），并在每个小主题之下（例如寄食求俸）补充作者的言外之意或自己的见解（例如无赖、贪婪），必要时也可说明文章用到了哪些修辞技巧。

　　如果为了领略作者创作的轴心，采取主题式的结构或许更加能够掌握其要义。例如这篇文章是从"寄食求俸"这个主题先贬抑冯谖，然后再从"巧营三窟"说明后来孟尝君当齐国相国的数十年间无纤介之祸，这些都是冯谖的功劳。这样，我们可以另外整理一张以"寄食求俸"与"巧营三窟"为主题的思维导图，在这两个主题之下，再以记叙文的叙事结构来解构分析（图 4-2-5）。

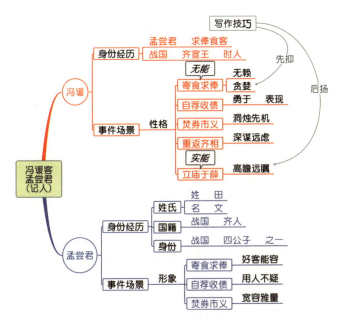

图 4-2-4　单一概念模块：记叙文记人的结构

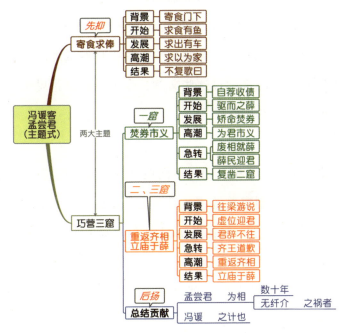

图 4-2-5　单一概念模块：记叙文主题式

单一概念模块：写景类记叙文

到景点旅游的时候，大多数人都会做的一件事情是什么呢？拿出手机拍照、分享到朋友圈。几百年前的古人想要和大家分享所见所闻的时候，该怎么办呢？那就是通过绘画或写文章的方式了。今天我们通过前人的画作与文章才得以一窥当年的风景。这些文章除了诗词之外，基本上是以记叙文的写景方式写成的。在图 4-2-1b 中我们已经说明了记叙文中自然景观的写景结构，现在我来举几个案例，分别从定点描述、移步换景、随时推移、分类观察等角度来说明思维导图学习笔记的制作方法。

1.自然景观：定点描述

文章之美，在于作者能够通过不同的层次、视角与五官感受来描述自己的所见所闻，特别是大自然的景致，更能够激发读者的想象力，令人回味无穷。定点描述是指从一个固定位置观察景物全貌的写作手法。

图 4-2-6 是我整理的几篇经典文学作品中自然景观的定点描述的内容，相信大家在中学时都读过这些文章，今天看到这张思维导图，是否有种相见恨晚的感觉呢？

2.自然景观：移步换景

移步换景是指在文章中，通过不同地点的变换来描写所看到的景观。我在中学时读过清朝刘鹗著的《老残游记》中的《大明湖》，之后便对大明湖的景色向往不已。作者以游记的方式叙述了大明湖三景，这就如同邀请读者参加大明湖的旅游团，跟着导游畅游一般。2010 年 1 月 21 日，我游览大明湖的时候，就拿着《大明湖》的思维导图"按图索骥"的呢！

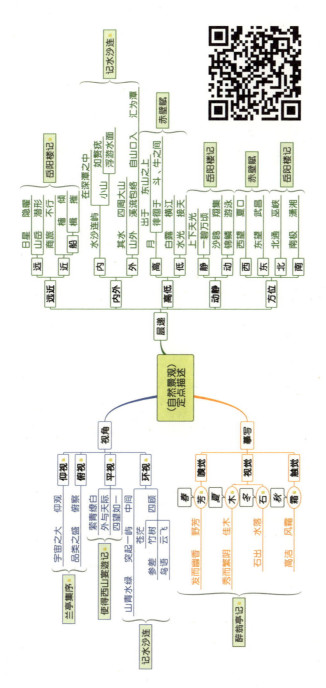

图 4-2-6　单一概念模块：写景类记叙文（自然景观）定点描述

大明湖

老残告辞动身上车去了，一路秋山红叶，老圃黄花，颇不寂寞。到了济南府，进得城来，家家泉水，户户垂杨，比那江南风景，觉得更为有趣。

到了小布政司街，觅了一家客店，名叫高升店，将行李卸下，开发了车价酒钱，胡乱吃点晚饭，也就睡了。

次日清晨起来，吃点儿点心，便摇着串铃满街踅了一趟，虚应一应故事。午后便步行至鹊华桥边，雇了一只小船，荡起双桨，朝北不远，便到历下亭前。止船进去，入了大门，便是一个亭子，油漆已大半剥蚀。亭子上悬了一副对联，写的是："历下此亭古，济南名士多"；上写着"杜工部句"，下写着"道州何绍基书"。亭子旁边虽有几间房屋，也没有什么意思。

复行下船，向西荡去，不甚远，又到了铁公祠畔。你道铁公是谁？就是明初与燕王为难的那位铁铉。后人敬他的忠义，所以至今春秋时节，土人尚不断地来此进香。到了铁公祠前，朝南一望，只见对面千佛山上，梵宇僧楼，与那苍松翠柏，高下相间，红的火红，白的雪白，青的靛青，绿的碧绿；更有一株半株的丹枫夹在里面，仿佛宋人赵千里的一幅大画，做了一架数十里长的屏风。

正在叹赏不绝，忽听一声渔唱，低头看去，谁知那明湖业已澄净得同镜子一般。那千佛山的倒影映在湖里，显得明明白白。那楼台树木格外光彩，觉得比上头的一个千佛山还要好看，还要清楚。

这湖的南岸，上去便是街市，却有一层芦苇，密密遮住。现在正是开花的时候，一片白花映着带水气的斜阳，好似一条粉红绒毯，做了上下两个山的垫子，实在奇绝！

老残心里想道："如此佳景，为何没有什么游人？"看了一会儿，回转身来，看那大门里面楹柱上有副对联，写的是"四面荷花三面柳，一城山色半城湖"。暗暗点头道："真正不错！"进了大门，正面便是铁公享堂，朝东便是一个荷池。绕着曲折的回廊，到了荷池东面，就是个圆门。圆门东边有三间旧房，有个破匾，上题"古水仙祠"四个字。祠前一副破旧对联，写的是"一盏寒泉荐秋菊，三更画舫穿藕花"。

过了水仙祠，仍旧下了船，荡到历下亭的后面。两边荷叶荷花将船夹住。那荷叶初枯，擦得船嗤嗤价响。那水鸟被人惊起，格格价飞。那已老的莲蓬不断地蹦到船窗里面来。

老残随手摘了几个莲蓬，一面吃着，一面船已到了鹊华桥畔了。

在《大明湖》这张移步换景的思维导图中，我以地图上北、下南、左西、右东的方位，将四个景点以相对位置的方式从中心图展开，并根据文章中描述游览的行程，在景点名称的地方标上序号，并以关联线条说明行走的路线。

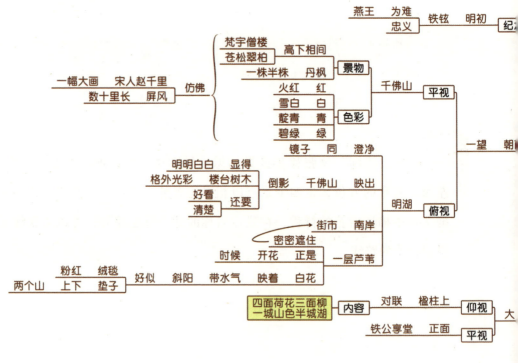

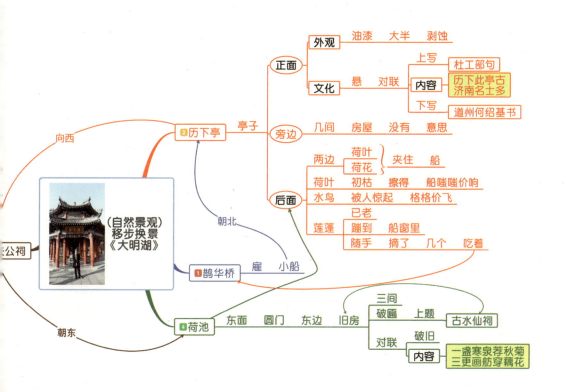

图 4-2-7　单一概念模块：写景类记叙文（自然景观）移步换景《大明湖》

3.自然景观：随时推移

随时推移是通过不同的时间来观察描述所见所闻。常见的时间变化有朝暮、四季、日夜与今昔。图4-2-8列举了几篇经典文学作品以随时推移的手法描述自然景观。

醉翁亭记（节选）

[宋] 欧阳修

若夫日出而林霏开，云归而岩穴暝，晦明变化者，山间之朝暮也。野芳发而幽香，佳木秀而繁阴，风霜高洁，水落而石出者，山间之四时也。朝而往，暮而归，四时之景不同，而乐亦无穷也。

晚游六桥待月记（节选）

[明] 袁宏道

绿烟红雾，弥漫二十余里。
花态柳情，山容水意……

乌衣巷

[唐] 刘禹锡

朱雀桥边野草花，乌衣巷口夕阳斜。
旧时王谢堂前燕，飞入寻常百姓家。

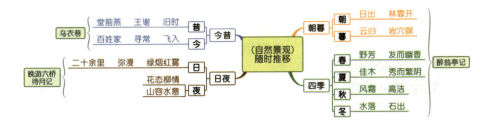

图 4-2-8 单一概念模块：写景类记叙文（自然景观）随时推移

4.自然景观：随时推移与着重审美感受

晚游六桥待月记

西湖最盛，为春为月。一日之盛，为朝烟，为夕岚。今岁春雪甚盛，梅花为寒所勒，与杏桃相次开发，尤为奇观。石篑数为余言：傅金吾园中梅，张功甫玉照堂故物也，急往观之。余时为桃花所恋，竟不忍去湖上。

由断桥至苏堤一带，绿烟红雾，弥漫二十余里。歌吹为风，粉汗为雨，罗纨之盛，多于堤畔之草。艳冶极矣！然杭人游湖，止午、未、申三时。其实湖光染翠之工，山岚设色之妙，皆在朝日始出，夕春未下，始极其浓媚。月景尤不可言，花态柳情，山容水意，别是一种趣味。此乐留与山僧游客受用，安可为俗士道哉！

游记类文章通常从景物的变换或时间的推移来着手，但有些作者会以自己的审美观作为主轴，明朝知名文学家袁宏道在辞官养病期间三游西湖，留下了不少短篇游记，《晚游六桥待月记》堪称此类经典之作。从时间的推移来分析这篇文章，思维导图的结构是"朝日始出""午、未、申""夕春未下""月景"四个时间顺序。（图 4-2-9）

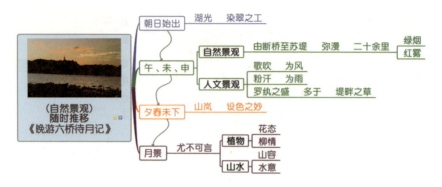

图 4-2-9　单一概念模块：写景类记叙文（自然景观）随时推移《晚游六桥待月记》

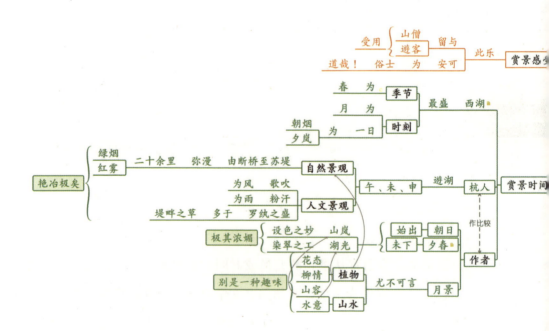

如果为了突显对自然景观的审美感受，可以先分别从赏景的"重点""时间"与"感受"来解析文章，然后在下一个层级又分别以"杭人"与"作者"两个分支来比较两者的差异，以及说明作者的审美观，如图4-2-10。

5. 自然景观：分类观察

分类观察是依照景物的类别——做出描述，例如在图4-2-10《晚游六桥待月记》当中，在"赏景时间"这个分支之下，作者对月景分别从

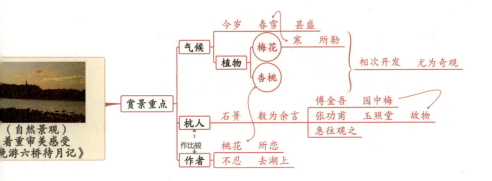

图4-2-10　单一概念模块：写景类记叙文（自然景观）着重审美感受《晚游六桥待月记》

"植物"与"山水"的角度来观察描述。除了游记之外，其他主题的文章也可以采用自然景观分类观察的方式，我另以汉朝徐淑《答夫秦嘉书》第二段为例，为大家示范绘制分类观察的思维导图。

徐淑在这封给夫君的书信中，除了说明自己因病无法随夫前往京城履职之外，也对夫君此行一路上的安危充满忧心。在文中分别从"深谷""高山""长路"与"冰霜"几个词来描述一路上的艰辛。

答夫秦嘉书（节选）

深谷逶迤，而君是涉，高山岩岩，而君是越，斯亦难矣。

长路悠悠，而君是践，冰霜惨烈，而君是履……

图 4-2-11　单一概念模块：写景类记叙文（自然景观）分类观察《答夫秦嘉书》

6.（人文型）建筑

在写景方面，常见的还有对建筑的描写，例如《醉翁亭记》，即宋朝欧阳修被贬官到滁州时，他为了让自己摆脱外在的纷扰，回归到闲适、恬淡的田园生活，寄情山水，写出格调清丽、富有诗情画意的文章。这篇文章中，"乐"贯穿全文，其结构分成写亭与写游两部分。我将第一段写亭的部分以思维导图的方式呈现，如图 4-2-12，以解析说明记叙文写景类型中对建筑的描写。

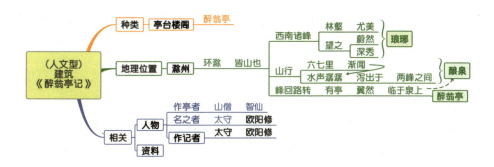

图 4-2-12 单一概念模块：写景类记叙文（人文型）建筑《醉翁亭记》

醉翁亭记（节选）

环滁皆山也。其西南诸峰，林壑尤美，望之蔚然而深秀者，琅琊也。山行六七里，渐闻水声潺潺而泻出于两峰之间者，酿泉也。峰回路转，有亭翼然临于泉上者，醉翁亭也。作亭者谁？山之僧智仙也。名之者谁？太守自谓也。

3 单一概念模块：议论文

• • •

议论文是一种通过事实的陈述、道理的梳理、真伪的辨别，确定某种观点的正误，以建立某种新的论点或否定某种既有的主张的文体，其目的是说服读者认同作者所提出的观点或见解。

研究生入学考试或国家公务员考试中不乏写作题，基本上就是议论文的形式；研究生的毕业论文中也少不了议论文的部分；工作职场谈判、市场调查也会有议论文的元素掺杂其中。

因此，在中学阶段通过研读分析优良的议论文，除了掌握其写作的方式与结构之外，还能培养孩子的思辨能力，这对他们未来的人生规划将会有很大的帮助。

在本节中，我将从中学教科书中挑选几篇经典的议论文，从能力培养的角度，为大家示范并解析思维导图的笔记应用。

掌握文章的核心概念

一篇议论文首先必须有明确的论点，接着要以令人信服的论据，通过逻辑清晰缜密的论证来说服他人，最后得出结论与建议或心得启发。

当今，一位成功的企业家必读的中国三本历久弥新的书籍分别是《三国志》《孙子兵法》与《西游记》，研读《三国志》可以学到谋略；研读《孙子兵法》可以学到战术；研读《西游记》可以学到创新。其中，先秦时期孙武所著的《孙子兵法》至今仍是军事院校师生研究兵法的重要文献与指南，该书中的《谋攻篇》也被收录到中学的语文教材中，这意味着本文除了战术的指导之外，还具有更深层次的教育意义，这些都是值得学生深入学习的。

孙子兵法 · 谋攻篇

孙子曰：夫用兵之法，全国为上，破国次之；全军为上，破军次之；全旅为上，破旅次之；全卒为上，破卒次之；全伍为上，破伍次之。

是故百战百胜，非善之善也；不战而屈人之兵，善之善者也。

故上兵伐谋，其次伐交，其次伐兵，其下攻城。

攻城之法，为不得已。

修橹轒辒，具器械，三月而后成；距堙，又三月而后已。

将不胜其忿而蚁附之，杀士卒三分之一，而城不拔者，此攻之灾也。

故善用兵者，屈人之兵而非战也，拔人之城而非攻也，毁人之国而非久也，必以全争于天下，故兵不顿而利可全，此谋攻之法也。

故用兵之法，十则围之，五则攻之，倍则分之，敌则能战之，少则能逃之，不若则能避之。

故小敌之坚，大敌之擒也。

夫将者，国之辅也。

辅周则国必强，辅隙则国必弱。

故君之所以患于军者三：不知军之不可以进而谓之进，不知军之不可以退而谓之退，是谓縻军；不知三军之事而同三军之政，则军士惑矣；不知三军之权而同三军之任，则军士疑矣。

三军既惑且疑，则诸侯之难至矣。

是谓乱军引胜。

故知胜有五：知可以战与不可以战者胜，识众寡之用者胜，上下同欲者胜，以虞待不虞者胜，将能而君不御者胜。

此五者，知胜之道也。

故曰：知己知彼，百战不殆；不知彼而知己，一胜一负；不知彼不知己，每战必败。

根据文章的主旨，在思维导图上，我展开了"求全"与"求胜"两大分支，目的是让学生清楚地掌握《孙子兵法·谋攻篇》用兵与攻略论点中的两大核心概念，然后根据文章内容的顺序与议论文的结构列出下一个层级的"论点""定义""小结"与"论据"等。

文言文中常见的一些虚词在思维导图中可以视情况省略，例如用于帮助阅读理解的虚词基本上都可以在思维导图上省略，但用于记忆全文的虚词最好还是在思维导图上写出来。这篇文章中"夫用兵之法"的"夫"放在句首表示将要发表议论，属于虚词，一般来说，翻译的时候也都将它省略，因此也可予以省略。

作者在论据"故上兵伐谋，其次伐交，其次伐兵，其下攻城……故

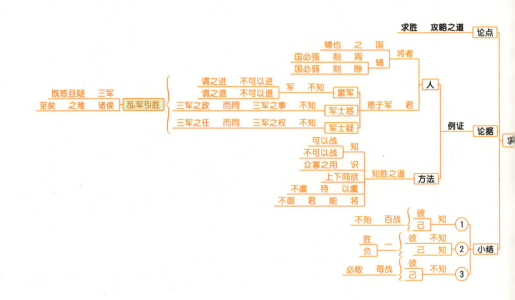

小敌之坚，大敌之擒也"中，首先说明用兵的优先级，然后解说攻城之害，接下来说明伐谋的优点，再接着解说伐兵的用兵之法，而对伐交则没有说明。这种顺序颠倒、交错的陈述方式恐怕不利于学生阅读理解。因此在思维导图中"求全"的"论据"中，我们可以依据内容的论述，

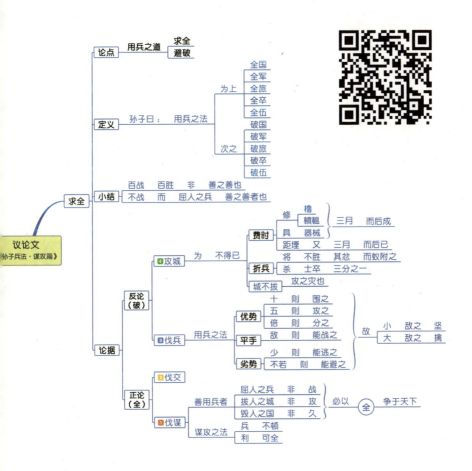

图 4-3-1　议论文《孙子兵法·谋攻篇》"求全""求胜"两大分支及展开

再分为"正论（全）"与"反论（破）"，将攻城与伐兵接在反论（破）之下，将伐交与伐谋接在正论（全）之下，并以数字序号说明它们的优先级。

"修橹轒辒，具器械，三月而后成；距堙，又三月而后已"是在说明攻城很费时；"将不胜其忿而蚁附之，杀士卒三分之一"是在强调攻城将折兵；"十则围之，五则攻之，倍则分之"是在说明优势时的用兵之法；"敌则能战之"是在说明平手时的用兵之法；"少则能逃之，不若则能避之"是在说明劣势时的用兵之法。我们在思维导图中分别总结了其上层概念并以黑色字体呈现，这样一来学生在阅读思维导图的时候，是不是更能理解作者想要传达的信息呢？

掌握文章的结构

不少学生面对内容较多、较复杂，尤其是议论性的文言文时，就想立刻投降。其实只要先掌握并理解整篇文章的中心思想与论述的几个论点，再逐一分析各个论点，你就会发现其实并不难学，反而会沉浸于学习的乐趣中。

劝学（节选）

君子曰：学不可以已。

青，取之于蓝，而青于蓝；冰，水为之，而寒于水。木直中绳，輮以为轮，其曲中规，虽有槁暴，不复挺者，輮使之然也。故木受绳则直，金就砺则利，君子博学而日参省乎己，则知明而行无过矣。

故不登高山，不知天之高也；不临深溪，不知地之厚也；不闻先王之遗言，不知学问之大也。干、越、夷、貉之子，生而同声，长而异俗，教使之然也。

　　吾尝终日而思矣，不如须臾之所学也；吾尝跂而望矣，不如登高之博见也。登高而招，臂非加长也，而见者远；顺风而呼，声非加疾也，而闻者彰。假舆马者，非利足也，而致千里；假舟楫者，非能水也，而绝江河。君子生非异也，善假于物也。

　　南方有鸟焉，名曰蒙鸠，以羽为巢，而编之以发，系之苇苕，风至苕折，卵破子死。巢非不完也，所系者然也。西方有木焉，名曰射干，茎长四寸，生于高山之上，而临百仞之渊，木茎非能长也，所立者然也。蓬生麻中，不扶而直；白沙在涅，与之俱黑。兰槐之根是为芷，其渐之滫，君子不近，庶人不服。其质非不美也，所渐者然也。故君子居必择乡，游必就士，所以防邪辟而近中正也。

　　物类之起，必有所始。荣辱之来，必象其德。肉腐出虫，鱼枯生蠹。怠慢忘身，祸灾乃作。强自取柱，柔自取束。邪秽在身，怨之所构。施薪若一，火就燥也，平地若一，水就湿也。草木畴生，禽兽群焉，物各从其类也。是故质的张，而弓矢至焉；林木茂，而斧斤至焉；树成荫，而众鸟息焉。醯酸，而蚋聚焉。故言有招祸也，行有招辱也，君子慎其所立乎！

　　积土成山，风雨兴焉；积水成渊，蛟龙生焉；积善成德，而神明自得，圣心备焉。故不积跬步，无以至千里；不积小流，无以成江海。骐骥一跃，不能十步；驽马十驾，功在不舍。锲而舍之，朽木不折；锲而不舍，金石可镂。蚓无爪牙之利，筋骨之强，上食埃土，下饮黄泉，用心一也。蟹八跪而二螯，非蛇鳝之穴无可寄托者，用心躁也。

　　是故无冥冥之志者，无昭昭之明；无惛惛之事者，无赫赫之功。行衢道者不至，事两君者不容。目不能两视而明，耳不能两听而聪。螣蛇无足而飞，鼫鼠五技而穷。诗曰："尸鸠在桑，其子七分。淑人君子，其仪一分。其仪一分，心如结分！"故君子结于一也。

昔者瓠巴鼓瑟，而流鱼出听；伯牙鼓琴，而六马仰秣。故声无小而不闻，行无隐而不形。玉在山而草木润，渊生珠而崖不枯。为善不积邪？安有不闻者乎？

学恶乎始？恶乎终？曰：其数则始乎诵经，终乎读礼；其义则始乎为士，终乎为圣人。真积力久则入。学至乎没而后止也。故学数有终，若其义则不可须臾舍也。为之，人也；舍之，禽兽也。

君子之学也，入乎耳，着乎心，布乎四体，形乎动静。端而言，蝡而动，一可以为法则。小人之学也，入乎耳，出乎口；口耳之间，则四寸耳，曷足以美七尺之躯哉！古之学者为己，今之学者为人。君子之学也，以美其身；小人之学也，以为禽犊。故不问而告谓之傲，问一而告二谓之囋。傲、非也，囋、非也；君子如向矣。

战国末期的思想家、教育家荀子所著的《劝学》是一篇文字量与论点都比较多的议论文。因此，我先用一张思维导图列出其整体结构，分别是"对象""总论""分论（论点）""寄托"与"延伸阅读"。

总论是文章中开门见山的一句话"学不可以已"，它说明了整篇文章的核心价值，"学习是永无止境的"，也就是当今所强调的终身学习。在思维导图中，为了帮助学生理解这句文言文，我将其拆解成四个关键词"学—不可—以—已"，这是因为文中的"以"是"让它"的意思，整句话的意思是"学习—不可—让它—停止"。

分论是我根据文章的内容，归纳出的九个论点；寄托则说明作者的期望，通过本文劝勉众人努力为学。同时在思维导图中增加了"延伸阅读"这个分支，目的在于引出与这篇文章相关的课文，例如《师说》，以帮助学生广泛涉猎。在思维导图中，我们可以在"师说"这个关键词的旁边建立一个与《师说》这篇文章的思维导图的链接，当点击链接的小图标后，就能打开《师说》的思维导图。

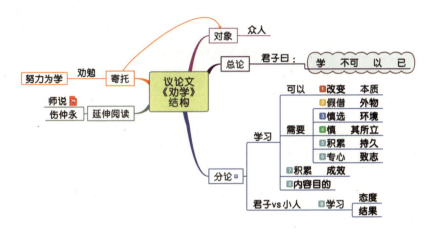

图 4-3-2a 议论文《劝学》结构

接着再以另一张思维导图呈现出九个分论点，这时候思维导图的展开有两种形式，第一种是先展开九个编号，每个编号之后分别列出"论点""定义""缘由""论据""哲理""感受"与"小结"等，如图 4-3-2b。这种用编号展开思维导图第一层结构的方式使得它们与文章的内容缺乏直接的关联性，因此，对议论文、说明文等类型的文章，要尽可能避免采用数字编号为第一个层级。

第二种展开的方式就是以这九个分论点的"论点"为思维导图第一个层级。在思维导图法的分类阶层原则中，越上位阶，也就是越靠近中心主题的关键词，代表的是越重要的概念。在各个分论中，论点是根据文章内容提炼出来的概念，因此以它作为展开思维导图第一个层级的概念对学习者而言更具有意义，如图 4-3-2c。由于《劝学》一文中

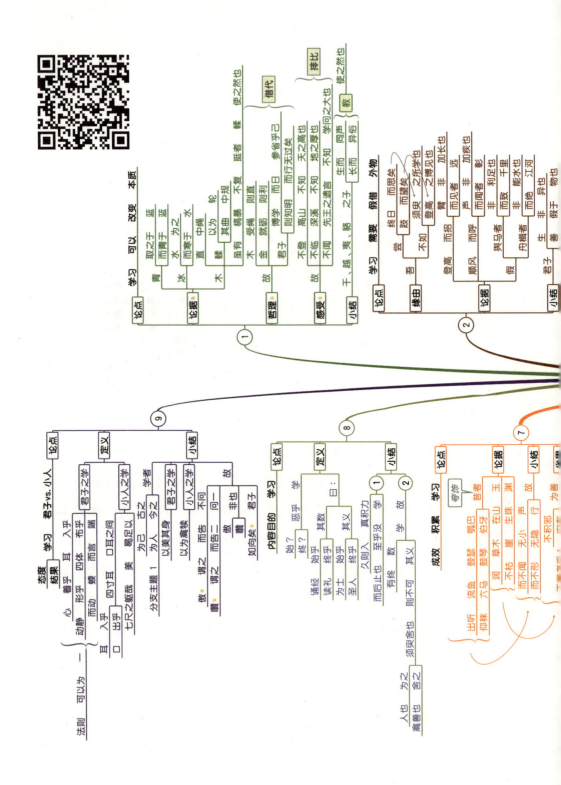

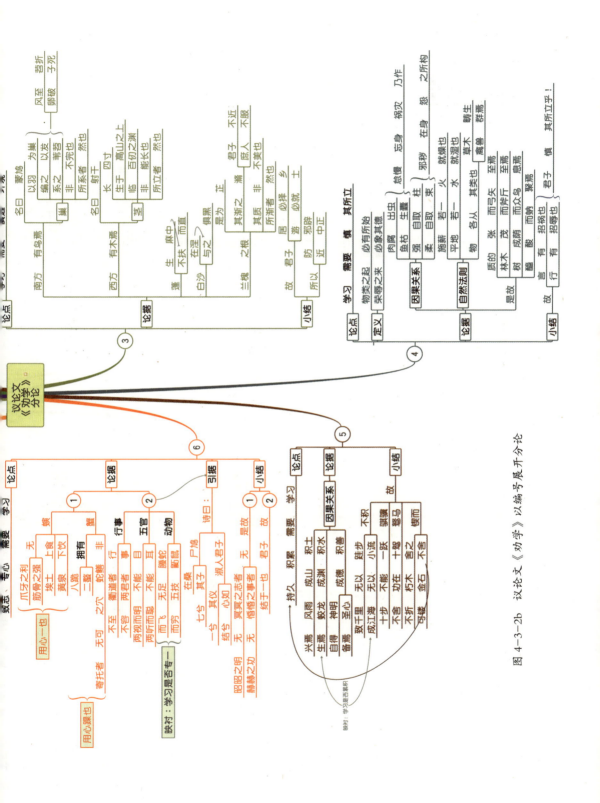

图 4-3-2b　议论文《劝学》以编号展开分论

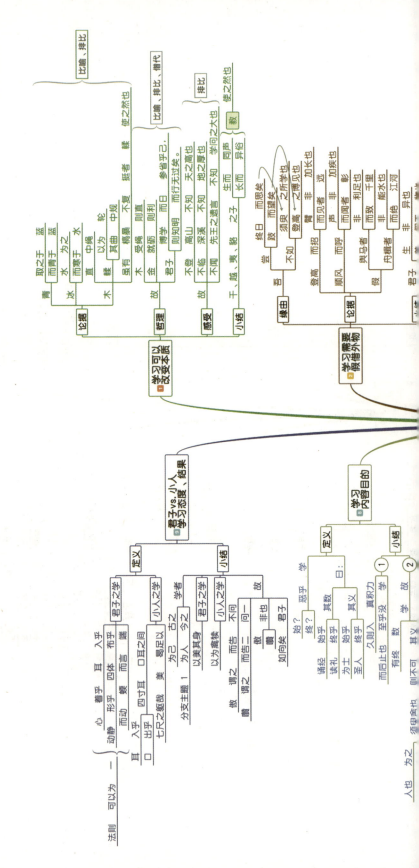

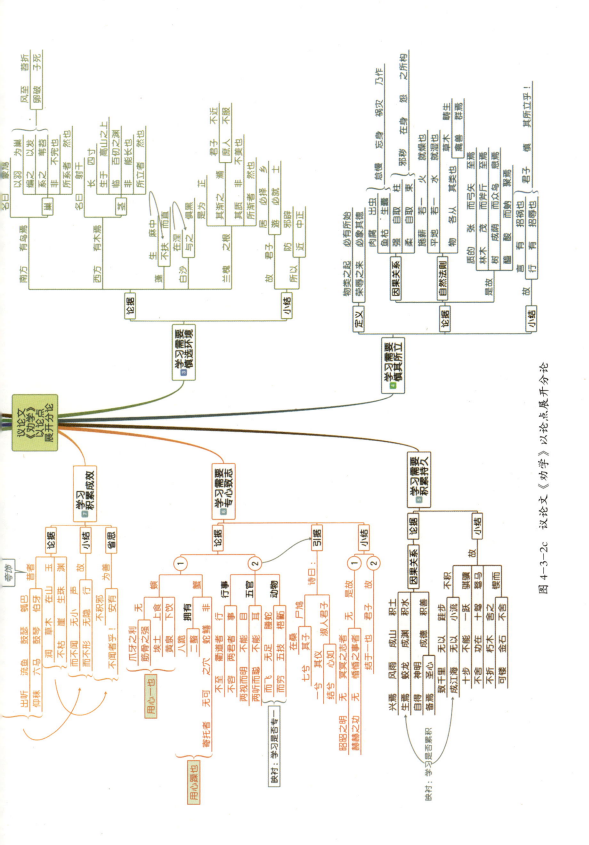

图 4-3-2c 议论文《劝学》论论点展开分论

用到了不少优美的修辞技巧，修辞的应用也是学习这篇课文的重点之一，因此在思维导图中用灰色字体标识出文章使用到的修辞种类。

在前面议论文《劝学》结构的思维导图中，我在"延伸阅读"这个分支列了《师说》一文。从《劝学》延伸到学习《师说》是一种具有意义化、组织化的学习策略，能够把相关的知识整合在一起，系统地学习是一种很重要的学习能力。

师说

古之学者必有师。师者，所以传道、受业、解惑也。人非生而知之者，孰能无惑？惑而不从师，其为惑也终不解矣！

生乎吾前，其闻道也，固先乎吾，吾从而师之；生乎吾后，其闻道也，亦先乎吾，吾从而师之。吾师道也，夫庸知其年之先后生于吾乎？是故无贵、无贱、无长、无少，道之所存，师之所存也。

嗟乎，师道之不存也久矣，欲人之无惑也难矣。古之圣人，其出人也远矣，犹且从师而问焉。今之众人，其下圣人也亦远矣，而耻学于师。是故圣益圣，愚益愚。圣人之所以为圣，愚人之所以为愚，其皆出于此乎？

爱其子，择师而教之，于其身则耻师焉，惑矣！彼童子之师，授之书而习其句读者也，非吾所谓传其道、解其惑者也。句读之不知，惑之不解，或师焉，或不焉，小学而大遗，吾未见其明也。

巫、医、乐师、百工之人，不耻相师。士大夫之族，曰师曰弟子云者，则群聚而笑之。问之，则曰："彼与彼年相若也，道相似也。"位卑则足羞，官盛则近谀。呜呼！师道之不复可知矣。巫、医、乐师百工之人，君子不齿，今其智乃反不能及，其可怪也欤！

圣人无常师。孔子师郯子、苌弘、师襄、老聃。郯子之徒，其贤不如孔子。孔子曰三人行必有我师，是故弟子不必不如师，师不必贤于弟子，闻道有先后，术业有专攻，如是而已。李氏子蟠，年十七，好古文，六艺、经传，皆通习之。不拘于时，请学于余，余嘉其能行古道，作师说以贻之。

唐朝韩愈的《师说》与《劝学》的不同点在于，在《师说》的第一段就是总结论述，因此将第一段的内容分为定义、论据与小结并整理在结构思维导图的总论之下。此外在文末，作者补充说明了写这篇文章的目的，在思维导图中则以"补叙"这个分支来记录。

在分论的这张思维导图中也是以论点的内涵作为分类的概念。作者在文章中写道："生乎吾前，其闻道也，固先乎吾，吾从而师之……师不必贤于弟子，闻道有先后，术业有专攻，如是而已。"这一大段交错地议论了"师与道的关联性"与"从师问学与耻学于师的差异性"这两个主题，但是为了帮助学生理解作者哪些观点是议论说明"师与道的关联性"，哪些观点是议论说明"从师问学与耻学于师的差异性"，思维导图中的组织结构不是按照文章自然段的顺序，而是将上述两大主题依据论说文的模块重新排列组合的。

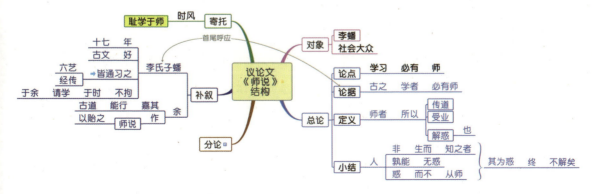

图 4-3-3a 议论文《师说》结构

　　除了组织结构之外，在以论点展开分论的思维导图上，《师说》与《劝学》一样，也面临着一条线上有大量文字的窘境。虽然文章笔记的思维导图不一定要严格按照一线一词的要求，但还是要尽可能地精简。因此，图4-3-3b中的第一层级是以一串字或一个短句的形式写出论点，在它的下一个层级再次遵循一线一词（或一短句）的原则，并省略虚词与一些不影响理解文义的文字。

　　在此我也要提醒一下大家，如果要一字不漏地背诵一篇文章，就需要根据文章的自然段重新组织思维导图的结构（图4-3-3c），必要时再以手绘的方式来强化记忆的效果。

层次分明的逻辑思维

　　在《劝学》的案例中，我在一张思维导图中写了九个分论，虽然这样可以用一张图让大家掌握文章的大致框架，但内容偏多且文字显得太小，不利于记忆内容。因此，可以针对每一个分论的论点用另一张思维导图来呈现，既保持思维导图结构的严谨性、逻辑性，同时也提升理解与记忆的效果。我以唐朝一代明相魏征的《谏太宗十思疏》为例为大家做个示范。

谏太宗十思疏

　　臣闻求木之长者，必固其根本；欲流之远者，必浚其泉源；思国之安者，必积其德义。源不深而望流之远，根不固而求木之长，德不厚而思国之治，虽在下愚，知其不可，而况于明哲乎？

　　人君当神器之重，居域中之大，将崇极天之峻，永保无疆之休，不念居安思危，戒奢以俭，德不处其厚，情不胜其欲，斯亦伐根以求木茂，塞源而欲流长者也。

图 4-3-3b　议论文《师说》分论

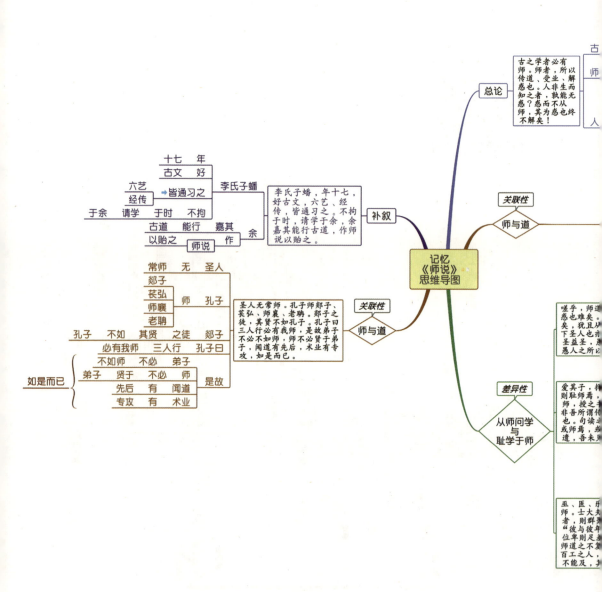

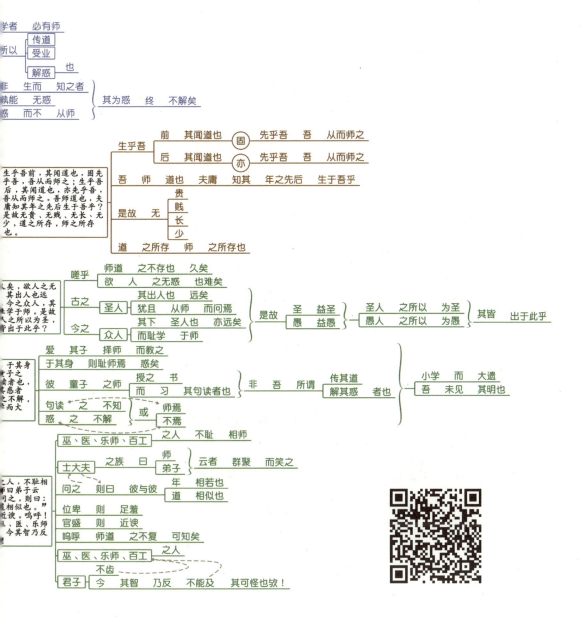

图 4-3-3c　依文章结构背诵《师说》原文的思维导图

　　凡昔元首，承天景命，莫不殷忧而道著，功成而德衰，有善始者实繁，能克终者盖寡。岂其取之易而守之难乎？昔取之而有余，今守之而不足，何也？夫在殷忧，必竭诚以待下；既得志，则纵情以傲物。竭诚则胡越之一体，傲物则骨肉为行路。虽董之以严刑，震之以威怒，终苟免而不怀仁，貌恭而不心服。怨不在大，可畏惟人，载舟覆舟，所宜深慎，奔车朽索，其可忽乎！

　　君人者，诚能见可欲，则思知足以自戒；将有所作，则思知止以安人；念高危，则思谦冲而自牧；惧满溢，则思江海而下百川；乐盘游，则思三驱以为度；忧懈怠，则思慎始而敬终；虑壅蔽，则思虚心以纳下；惧谗邪，则思正身以黜恶；恩所加，则思无因喜以谬赏；罚所及，则思无以怒而滥刑。总此十思，宏兹九德。简能而任之，择善而从之，则智者尽其谋，勇者竭其力，仁者播其惠，信者效其忠。文武争驰，君臣无事，可以尽豫游之乐，可以养松乔之寿，鸣琴垂拱，不言而化。何必劳神苦思，代下司职，役聪明之耳目，亏无为之大道哉？

　　首先，我们还是先通过一张结构思维导图对文章有个初步的了解。

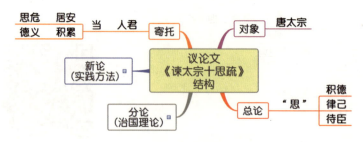

图 4-3-4a　议论文《谏太宗十思疏》结构

　　接着，再从文章中"臣闻求木之长者，必固其根本……斯亦伐根以求木茂，塞源而欲流长者也"归纳出第一个治国理论"安国之本在于积德"；从"凡昔元首，承天景命……奔车朽索，其可忽乎"中归纳出第二个治国理论"历代国君不能克终之因"，如图4-3-4b。再分别以两张思维导图说明这两个治国理论，如图4-3-4c与图4-3-4d。最后，从文章中的"君人者，诚能见可欲……亏无为之大道哉"中归纳出"国君实践治国之道的方法"这一概念，如图4-3-4e。

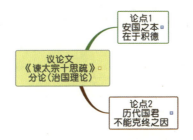

图4-3-4b　议论文《谏太宗十思疏》分论"治国理论"的两个论点

在"安国之本在于积德"的论据中，作者用树木、河流与治国三个例子，先说明建议，再分别提出反问。因此在思维导图当中论据的分支，从"木""流"与"国"画出第二层级的分类，然后再分别以"正论"与"质问"展开第三层级之后的内容。

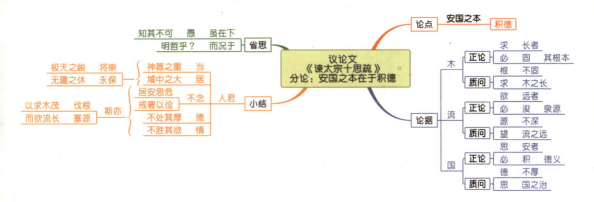

图4-3-4c　议论文《谏太宗十思疏》分论：安国之本在于积德

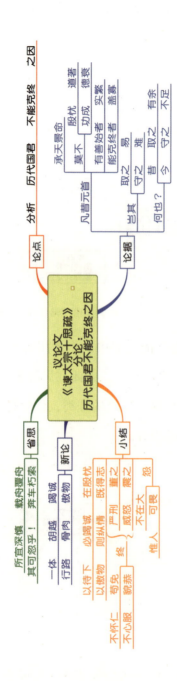

图 4-3-4d 议论文《谏太宗十思疏》分论：历代国君不能克终之因

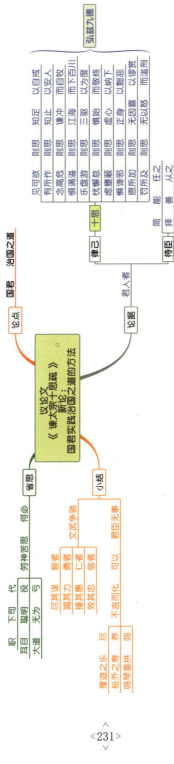

图 4-3-4e 议论文《谏太宗十思疏》新论：国君实践治国之道的方法

4 单一概念模块：抒情散文

● ● ●

抒情散文是作者借对具体事物的描述来表达内心感受与抒发情感的散文。其内容包括针对主题的背景说明，通过对人、事、物、景的描述来抒发情感，以及阐述自己的心得感受。

抒情散文除了**依据段落意旨**进行分类之外，还可以依据**情感类型**进行分类。在本节中，我将以归有光的《项脊轩志》为例进行解说。

项脊轩志

项脊轩，旧南阁子也。室仅方丈，可容一人居。百年老屋，尘泥渗漉，雨泽下注，每移案，顾视无可置者。又北向，不能得日；日过午已昏。余稍为修葺，使不上漏。前辟四窗，垣墙周庭，以当南日。日影反照，室始洞然。又杂植兰、桂、竹、木于庭，旧时栏楯，亦遂增胜。

借书满架，偃仰啸歌，冥然兀坐，万籁有声。而庭阶寂寂，小鸟时来啄食，人至不去。三五之夜，明月半墙，桂影斑驳，风移影动，珊珊可爱。

然余居于此，多可喜，亦多可悲。先是，庭中通南北为一。迨诸父异爨，内外多置小门墙，往往而是。东犬西吠，客逾庖而宴，鸡栖于厅。庭中始为篱，已为墙，凡再变矣。家有老妪，尝居于此。妪，先大母婢也，乳二世，先妣抚之甚厚。室西连于中闺，先妣尝一至。妪每谓余曰："某所，而母立于兹。"妪又曰："汝姊在吾怀，呱呱而泣；娘以指扣门扉曰：'儿寒乎？欲食乎？'吾从板外相为应答。"语未毕，余泣，妪亦泣。

余自束发读书轩中，一日，大母过余曰："吾儿，久不见若影，何竟日默默在此，大类女郎也？"比去，以手阖门，自语曰："吾家读书久不效，儿之成，则可待乎！"顷之，持一象笏至，曰："此吾祖太常公宣德间执此以朝，他日汝当用之。"瞻顾遗迹，如在昨日，令人长号不自禁。

轩东故尝为厨，人往，从轩前过。余扃牖而居，久之，能以足音辨人。轩凡四遭火，得不焚，殆有神护者。

项脊生曰："蜀清守丹穴，利甲天下，其后秦皇帝筑女怀清台。刘玄德与曹操争天下，诸葛孔明起陇中。方二人之昧昧于一隅也，世何足以知之？余区区处败屋中，方扬眉瞬目，谓有奇景。人知之者，其谓与坩井之蛙何异！"

余既为此志，后五年，吾妻来归，时至轩中，从余问古事，或凭几学书。吾妻归宁，述诸小妹语曰："闻姊家有阁子，且何谓阁子也？"其后六年，吾妻死，室坏不修。其后二年，余久卧病无聊，乃使人复葺南阁子，其制稍异于前。然自后余多在外，不常居。

庭有枇杷树，吾妻死之年所手植也；今已亭亭如盖矣。

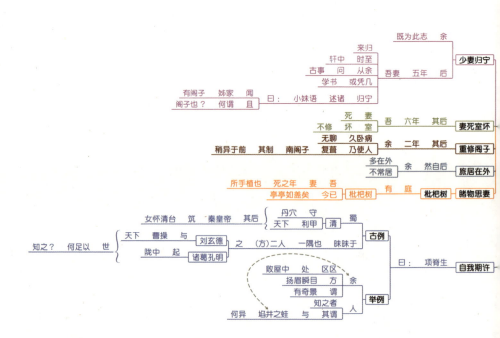

图 4-4-1a　抒情散文：《项脊轩志》依据段落意旨分类

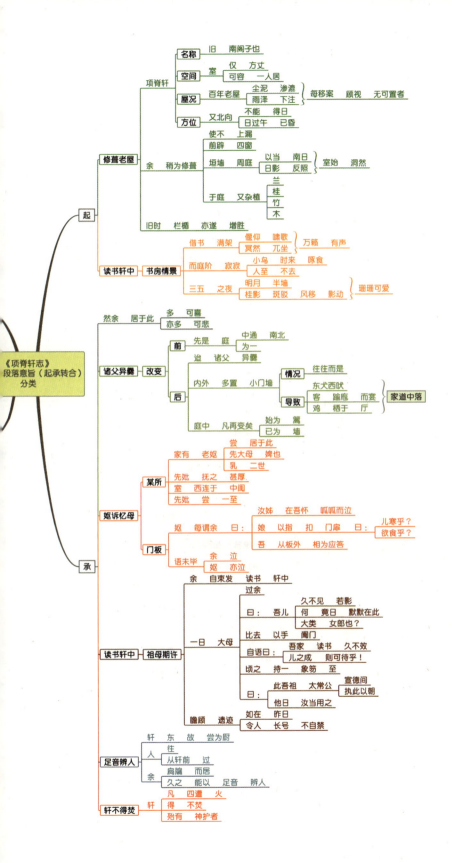

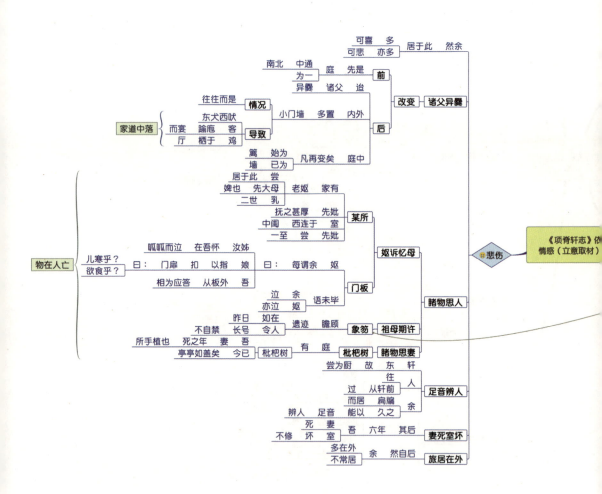

欢喜

修葺老屋
- 项脊轩
  - 名称 —— 旧 南阁子也
  - 空间 —— 室 {仅 方丈 / 可容 一人居}
  - 屋况 —— 百年老屋 {尘泥 渗漉 / 雨泽 下注} 每移案 顾视 无可置者
  - 方位 —— 又北向 {不能 得日 / 日过午 已昏}
- 余 稍为修葺
  - 使不 上漏
  - 前辟 四窗
  - 垣墙 周庭 {以当 南日 / 日影 反照} 室始 洞然
  - 于庭 又杂植 {兰 / 桂 / 竹 / 木}
- 旧时 栏楯 亦遂 增胜

读书轩中
- 书房情景
  - 借书 满架 {偃仰 啸歌 / 冥然 兀坐} 万籁 有声
  - 而庭阶 寂寂 {小鸟 时来 啄食 / 人至 不去}
  - 三五 之夜 {明月 半墙 / 桂影 斑驳 风移 影动} 珊珊可爱
  - 余 自束发 读书 轩中
- 祖母期许
  - 一日 大母 过余
    - 曰：吾儿 {久不见 若影 / 何 竟日 默默在此 / 大类 女郎也？}
    - 比去 以手 阖门
    - 自语曰：吾家 读书 久不效 / 儿之成 则可待乎！
    - 顷之 持一 象笏 至
    - 曰：此吾祖 太常公 {宣德间 执此以朝 / 他日 汝当用之}

轩不得焚
- 轩 {凡 四遭 火 / 得 不焚 / 殆有 神护者}

自我期许
- 项脊生 曰：
  - 古例 {蜀 清 {守 丹穴 / 利甲 天下} 其后 秦皇帝 筑 女怀清台 / 昧昧于 一隅也 (方)二人 之 {刘玄德 与 曹操 天下 / 诸葛孔明 起 陇中} 世 何足 以 知之？}
  - 举例
    - 余 方 扬眉瞬目 谓 有奇景
    - 区区 处 败屋中 知之者
    - 人 其谓 与 坎井之蛙 何异

少妻归宁
- 余 既为此志
- 后 五年 吾妻
  - 来归
  - 时至 轩中
  - 从余 问 古事
  - 或凭几 学书
  - 归宁 述诸 小妹语 曰：{闻 姊家 有阁子 / 且 何谓 阁子也}

重修阁子
- 其后 二年 余 久卧病 无聊 乃使人 复葺 南阁子 其制 稍异于前

图 4-4-1b 抒情散文：《项脊轩志》依据情感分类

依据段落意旨进行分类

依据起承转合的写作手法，作者在文章开头部分以"项脊轩，旧南阁子也……风移影动，珊珊可爱"这段话对项脊轩这栋老房子进行了概括性的描述，也描述了自己在屋里读书的情景，我们可以归纳出"修葺老屋"与"读书轩中，书房情景"两大主题。

接着"然余居于此，多可喜，亦多可悲……轩凡四遭火，得不焚，殆有神护者"，这是作者借项脊轩所发生的事件来表达内心的喜与悲，我们可以归纳出"诸父异爨""妪诉忆母""读书轩中，祖母期许""足音辨人"与"轩不得焚"等五个主题。

描述完悲喜之后，作者以古例"蜀清守丹穴，利甲天下，其后秦皇帝筑女怀清台。刘玄德与曹操争天下，诸葛孔明起陇中。方二人之昧昧于一隅也，世何足以知之"与比喻"余区区处败屋中，方扬眉瞬目，谓有奇景。人知之者，其谓与坎井之蛙何异"提出对自己的期许，我以"自我期许"作为这两段的主题。

倒数第二段，作者分别从"少妻归宁""妻死室坏""重修阁子""旅居在外"与"睹物思妻"等五个主题进行总结。

依据情感进行分类

《项脊轩志》是一篇抒情散文，若要更加清晰地理解作者的情感，我们可以依据其情感类型将"欢喜"与"悲伤"作为思维导图的第一个层级的主题，接着将文章中相关内容分别归在相应的主题之后，这样更能让大家理解作者为什么选取这些内容来抒发内心的情感。

<238>

5 多重概念模块案例解析

● ● ●

　　台湾地区花莲高中语文教师王清平根据自己多年的教学经验及其硕士论文的研究结果指出，分析复杂的文言文时，必须增加使用概念模块，根据组合的方式可将其细分为"并列式"与"迭合式"的多重概念模块。"并列式"结构没有上下层级的关系，只有前后顺序的不同；"迭合式"则是将一种概念模块作为上层结构，在其下一层级则以另一种概念模块进行分析，两种概念模块产生了上下层级的关系。在本节中，我将为大家讲解多重概念模块的思维导图。

并列式多重概念模块

　　一篇故事类型的文章之所以会被收录到教科书中，绝不会只是让学生看个故事而已。本书第三章曾经提到美国教育学家布卢姆提出的学校教育三大目标，分别是在认知领域、动作技能领域与情感领域的能力提升。寓言故事就是情感领域品德教育的好教材。我以明朝刘基《郁离子》中的《赵人患鼠》这个寓言故事为大家讲解并列式概念模块的思维导图。

赵人患鼠

　　赵人患鼠，乞猫于中山。中山人予之猫，善捕鼠及鸡。月余，鼠尽而其鸡亦尽。其子患之，告其父曰："盍去诸？"其父曰："是非若所知也。

吾之患在鼠，不在乎无鸡。夫有鼠，则窃吾食，毁吾衣，穿吾垣墉，坏伤吾器用，吾将饥寒焉，不病于无鸡乎？无鸡者，弗食鸡则已耳，去饥寒犹远，若之何而去夫猫也？"

在思维导图中，我将课文分成"故事"与"寓意"两个并列的概念模块。"故事"是寓言的内容，因此我先将其分成角色与情节，再说明角色的种类与特质，情节则依故事的背景、开始、发展、高潮与结果等来分析，以帮助学生理解故事的内容。"寓意"则是作者想要传达的信息或对故事的诠释，因此在思维导图中，我以比喻、议论与寄托进行分析，除了帮助学生理解之外，也能带给学生启发。

用思维导图法整理读书笔记的时候，针对不可分割的概念，在提取关键词的时候，虽然允许两个以上的词语为一个单位，但尽可能还是精简一点为佳，可以的话请遵循"一线一词"的原则，尤其是在容易造成语义歧义的时候。

例如，文章中"是非若所知也"这句话，恐怕有些学生不能正确理解其意义，他们会把"是非"放在一起理解成"对与错"，这句话就解释成"对错你所知道的"。是不是有点怪怪的？但拆解成"是—非—若—所知也"，"是"代表"这"，"非"即"不是"，"若"在这里指的是"你"，这句话的解释为"这不是你所知道的"，这样才符合文章的原意。另外，在文章中出现了两个"若"，但其意思并不一样，我们可以在这两个关键词之间加上一条淡色点状线条并加上问号，提醒自己注意。

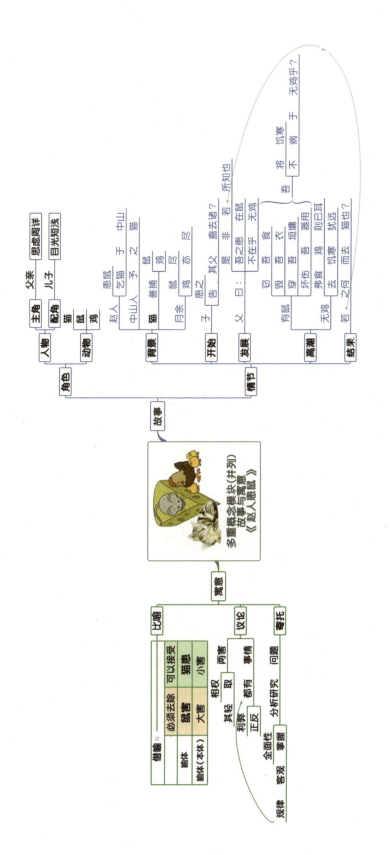

图4-5-1 多重概念模块（并列）：故事与寓意（《赵人患鼠》）

在寓意的部分，作者将鼠害与猫患作为喻体，来比喻它们的本体，也就是必须去除的大害与可以接受的小害。为了更加清楚地说明比喻的本体，在思维导图中可以采用矩阵图的方式来说明。

图4-5-1的案例是并列了《赵人患鼠》故事内容与文中的寓意的思维导图，接下来我再以《过秦论》的思维导图为例，向大家介绍文章中不同文体并列时的思维导图呈现方式。

为什么要学习历史？因为历史是一面镜子，鉴古知今；历史是一部百科全书，学史明智。历代不乏忠臣借历史故事向君主提出治国谏言，这类文章通常采用叙事与议论并列的形式。

《过秦论》是西汉初年著名的政治家贾谊通过分析秦王朝的过失，提醒汉文帝吸取秦朝速亡的教训，施行仁政，建立治国制度，以巩固统治的一组文章。《过秦论》分成上、中、下三篇，我以思维导图分析《过秦论（上篇）》的内容结构，如图4-5-2a。

过秦论（上篇）

秦孝公据崤函之固，拥雍州之地，君臣固守以窥周室，有席卷天下，包举宇内，囊括四海之意，并吞八荒之心。当是时也，商君佐之，内立法度，务耕织，修守战之具；外连衡而斗诸侯。于是秦人拱手而取西河之外。

孝公既没，惠文、武、昭襄蒙故业，因遗策，南取汉中，西举巴、蜀，东割膏腴之地，北收要害之郡。诸侯恐惧，会盟而谋弱秦，不爱珍器重宝肥饶之地，以致天下之士，合从缔交，相与为一。当此之时，齐有孟尝，赵有平原，楚有春申，魏有信陵。此四君者，皆明智而忠信，宽厚而爱人，尊贤而重士，约从离衡，兼韩、魏、燕、楚、齐、赵、宋、卫、中山之众。于是六国之士，有宁越、徐尚、苏秦、杜赫之属为之谋，齐明、周最、陈轸、召滑、楼缓、翟景、苏厉、乐毅之徒通其意，吴起、孙膑、带佗、倪良、王廖、田忌、廉颇、赵奢之伦制其兵。尝以十倍之地，百万之众，叩关而攻秦。秦人开关延敌，九国之师，逡巡而不敢进。秦无亡矢遗镞之费，而天下诸侯已困矣。于是从散约败，争割地而赂秦。秦有余力而制其弊，追亡逐北，伏尸百万，流血漂橹。因利乘便，宰割天下，分裂山河。强国请服，弱国入朝。延及孝文王、庄襄王，享国之日浅，国家无事。

及至始皇，奋六世之余烈，振长策而御宇内，吞二周而亡诸侯，履至尊而制六合，执棰拊以鞭笞天下，威振四海。南取百越之地，以为桂林、象郡；百越之君，俯首系颈，委命下吏。乃使蒙恬北筑长城而守藩篱，却匈奴七百余里。胡人不敢南下而牧马，士不敢弯弓而报怨。于是废先王之道，焚百家之言，以愚黔首；隳名城，杀豪杰，收天下之兵，聚之咸阳，销锋镝，铸以为金人十二，以弱天下之民。然后践华为城，因河为池，据亿丈之城，临不测之渊，以为固。良将劲弩守要害之处，信臣精卒陈利兵而谁何。天下已定，始皇之心，自以为关中之固，金城千里，子孙帝王万世之业也。

始皇既没，余威震于殊俗。然陈涉瓮牖绳枢之子，氓隶之人，而迁徙之徒也；才能不及中人，非有仲尼、墨翟之贤，陶朱、猗顿之富；蹑足行伍之间，而倔起阡陌之中，率疲弊之卒，将数百之众，转而攻秦，斩木为兵，揭竿为旗，天下云集响应，赢粮而景从。山东豪俊遂并起而亡秦族矣。

且夫天下非小弱也，雍州之地，崤函之固，自若也。陈涉之位，非尊于齐、楚、燕、赵、韩、魏、宋、卫、中山之君也；锄耰棘矜，非铦于钩戟长铩也；谪戍之众，非抗于九国之师也；深谋远虑，行军用兵之道，非

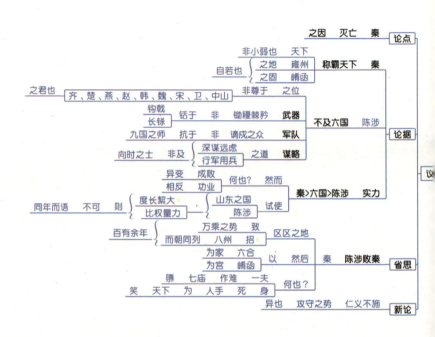

论点 秦 灭亡 之因

论据 秦 称霸天下
天下 非小弱也
雍州 之地 / 崤函 之固 自若也
非尊于 之位 齐、楚、燕、赵、韩、魏、宋、卫、中山 之君也

陈涉 不及六国
武器 锄耰棘矜 非 铦于 钩戟 长铩
军队 谪戍之众 非 抗于 九国之师
谋略 之道 深谋远虑 / 行军用兵 非及 向时之士

实力 秦>六国>陈涉
然而 何也? 异变 成败 / 相反 功业
试使 山东之国 / 陈涉 度长絜大 / 比权量力 则 不可 同年而语

省思 陈涉败秦 秦
区区之地 致 万乘之势
八州 招 而朝同列 百有余年
六合 为家 / 崤函 为宫 以 然后
一夫 作难 七庙 嗤
身 死 人手 为 天下 笑 何也?

新论 仁义不施 攻守之势 异也

<244>

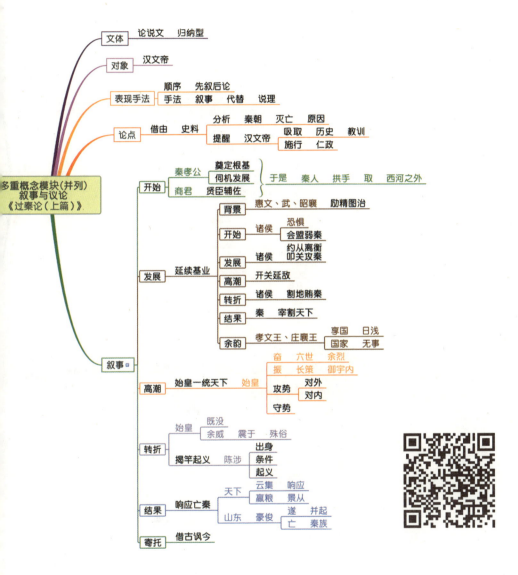

图 4-5-2a　多重概念模块（并列）：叙事与议论（《过秦论［上篇］》）

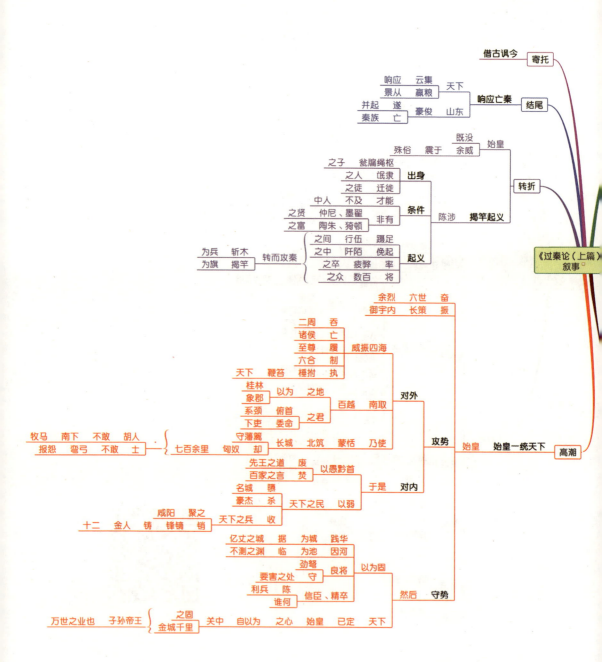

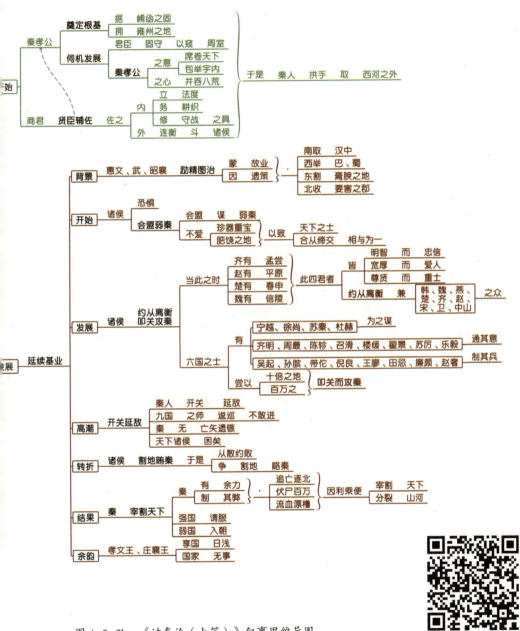

图 4-5-2b 《过秦论（上篇）》叙事思维导图

及向时之士也。然而成败异变，功业相反，何也？试使山东之国与陈涉度长絜大，比权量力，则不可同年而语矣。然秦以区区之地，致万乘之势，招八州而朝同列，百有余年矣；然后以六合为家，崤函为宫；一夫作难而七庙隳，身死人手，为天下笑者，何也？仁义不施而攻守之势异也。

　　贾谊先以叙事的方式说明秦孝公奠定基业，惠文王、武王、昭襄王延续基业，一直到秦始皇时期其国力逐渐强盛的原因，之后则说明出身草莽、条件不佳的陈涉揭竿起义让强大的秦国灭亡。最后再进行议论，以对比的形式归纳出秦国灭亡的原因在于"仁义不施"这一结论，所以这是一篇先叙事再议论的并列结构的文章。

　　由于叙事的部分占整篇文章的四分之三左右，内容极其繁多，因此在图 4-5-2a 中，对于叙事这个分支我只写出了大纲概要，其详细内容则以另一张思维导图说明，如图 4-5-2b。

并列式与迭合式多重概念模块

　　接下来我再以《岳阳楼记》与《前赤壁赋》这两篇经典古文为例，进一步说明如何以思维导图法来解构一篇采用并列式与迭合式多重概念模块的文章。

岳阳楼记

　　庆历四年春，滕子京谪守巴陵郡。越明年，政通人和，百废具兴，乃重修岳阳楼，增其旧制，刻唐贤今人诗赋于其上。属予作文以记之。

　　予观夫巴陵胜状，在洞庭一湖。衔远山，吞长江，浩浩汤汤，横无际涯；朝晖夕阴，气象万千。此则岳阳楼之大观也，前人之述备矣。然则北通巫峡，南极潇湘，迁客骚人，多会于此，览物之情，得无异乎？

若夫霪雨霏霏，连月不开，阴风怒号，浊浪排空；日星隐曜，山岳潜形；商旅不行，樯倾楫摧；薄暮冥冥，虎啸猿啼。登斯楼也，则有去国怀乡，忧谗畏讥，满目萧然，感极而悲者矣。

至若春和景明，波澜不惊，上下天光，一碧万顷；沙鸥翔集，锦鳞游泳；岸芷汀兰，郁郁青青。而或长烟一空，皓月千里，浮光跃金，静影沉璧，渔歌互答，此乐何极！登斯楼也，则有心旷神怡，宠辱皆忘，把酒临风，其喜洋洋者矣。

嗟夫！予尝求古仁人之心，或异二者之为，何哉？不以物喜，不以己悲；居庙堂之高则忧其民；处江湖之远则忧其君。是进亦忧，退亦忧。然则何时而乐耶？其必曰“先天下之忧而忧，后天下之乐而乐”乎？噫！微斯人，吾谁与归？

时六年九月十五日。

《岳阳楼记》是北宋文学家范仲淹应好友巴陵郡太守滕子京之请，为重修岳阳楼而创作的一篇综合叙事、写景与议论的借景抒情散文。

文中“庆历四年春，滕子京谪守巴陵郡……览物之情，得无异乎”，这两段主要是叙述写作背景，其中第二段还有对岳阳楼的议论；“若夫霪雨霏霏，连月不开……把酒临风，其喜洋洋者矣”是借景抒情的写景；“嗟夫！予尝求古仁人之心……噫！微斯人，吾谁与归”则是对古代仁义之士发出的议论。因此在思维导图中即以叙事、写景与议论作为三个主要分支。

开头的叙事部分，范仲淹以“人、事、时、地、物”作为文章的基本元素，说明了写作缘由与建筑物的风景。在描述岳阳楼的风景时，则采用议论的形式。

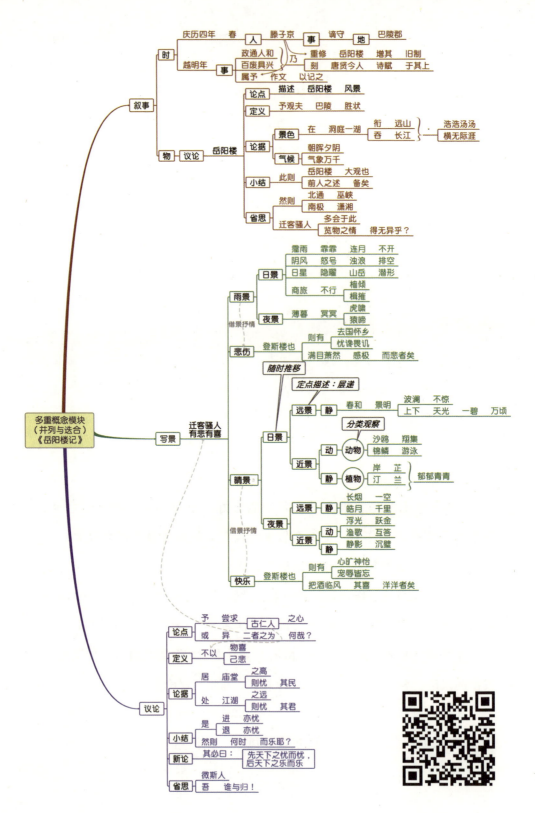

图 4-5-3　多重概念模块（并列与迭合）：叙事、写景与议论（《岳阳楼记》）

接着，作者先以观察大自然中的雨景与晴景来描写悲伤与快乐的心情（借景抒情），又随着时间的变化描写日景与夜景（随时推移），再从远近（定点描述中的层递）、动物与植物（分类观察）等角度来写景。因此，思维导图的结构即按照写作的手法画出分类的结构阶层。

最后，范仲淹议论探讨古代仁义之士的胸襟与情怀。

前赤壁赋

壬戌之秋，七月既望，苏子与客泛舟，游于赤壁之下。清风徐来，水波不兴。举酒属客，诵《明月》之诗，歌《窈窕》之章。少焉，月出于东山之上，徘徊于斗、牛之间。白露横江，水光接天。纵一苇之所如，凌万顷之茫然。浩浩乎如冯虚御风，而不知其所止；飘飘乎如遗世独立，羽化而登仙。

于是饮酒乐甚，扣舷而歌之。歌曰："桂棹兮兰桨，击空明兮溯流光。渺渺兮予怀，望美人兮天一方。"客有吹洞箫者，倚歌而和之。其声呜呜然，如怨如慕，如泣如诉，余音袅袅，不绝如缕，舞幽壑之潜蛟，泣孤舟之嫠妇。

苏子愀然。正襟危坐，而问客曰："何为其然也？"

客曰："'月明星稀，乌鹊南飞'，此非曹孟德之诗乎？西望夏口，东望武昌，山川相缪，郁乎苍苍，此非孟德之困于周郎者乎？方其破荆州，下江陵，顺流而东也，舳舻千里，旌旗蔽空，酾酒临江，横槊赋诗，固一世之雄也，而今安在哉？况吾与子渔樵于江渚之上，侣鱼虾而友麋鹿；驾一叶之扁舟，举匏樽以相属。寄蜉蝣于天地，渺沧海之一粟。哀吾生之须臾，羡长江之无穷。挟飞仙以遨游，抱明月而长终。知不可乎骤得，托遗响于悲风。"

苏子曰："客亦知夫水与月乎？逝者如斯，而未尝往也；盈虚者如彼，而卒莫消长也。盖将自其变者而观之，则天地曾不能以一瞬；自其不变者而观之，则物与我皆无尽也，而又何羡乎！且夫天地之间，物各有主；苟非吾之所有，虽一毫而莫取。惟江上之清风，与山间之明月，耳得之而为声，目遇之而成色，取之无禁，用之不竭，是造物者之无尽藏也，而吾与子之所共食（适）。"

客喜而笑，洗盏更酌，肴核既尽，杯盘狼藉。相与枕藉乎舟中，不知东方之既白。

在读中学时期，《前赤壁赋》是让我感到头疼的文章之一，除了需要背诵之外，最主要的原因是，我不能理解这篇文章的含义，这看起来像一篇游记，但内容中似乎又夹杂着一些奇妙的对话，这让我颇为不解。后来为了教学的需要，当我再次阅读这篇文章并以思维导图整理教学课件时，不禁感叹这篇文章的妙处。原来苏轼是先借写景抒发心情，之后又与游船上的客人展开了颇富哲理的对话。

以思维导图进行分类解析，可先采取故事、记叙文的概念模块"背景""开始""发展""转折""高潮""结果"与"寄托"，并在其后以文字框的形式填写该段落的内容，以方便全文记忆。接着再分别从记人、叙事与写景等方面进行解析，如图4-5-4a。

从表面上看，这篇文章属于记叙文，但文章中客人与苏轼的对话"客曰：'月明星稀，乌鹊南飞'，此非曹孟德之诗乎……是造物者之无尽藏也，而吾与子之所共食（适）"却是议论，这里也是最精彩之处，是整篇文章的"转折"与"高潮"，而在议论的同时又巧妙地使用了记人、叙事与写景的手法。为了帮助学生理解他们的对话，我们以另一张思维导图单独说明，如图4-5-4b。

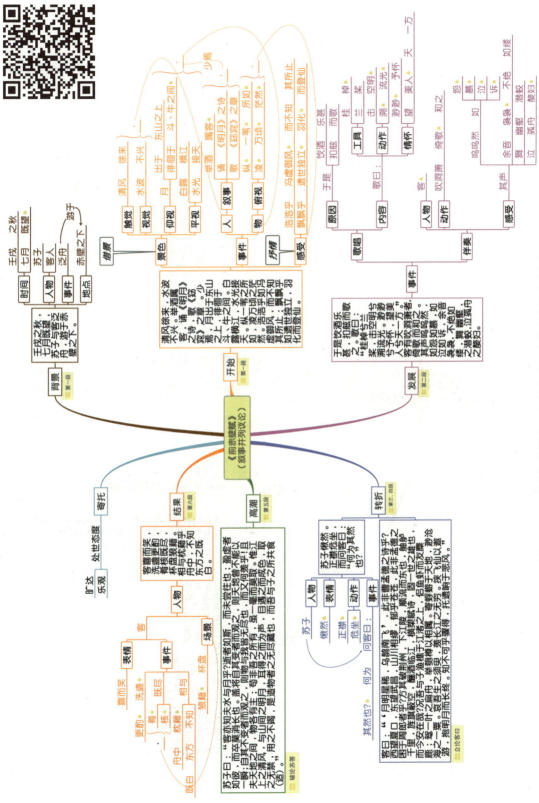

图 4-5-4a　多重概念模块：叙事并列议论（《前赤壁赋》）

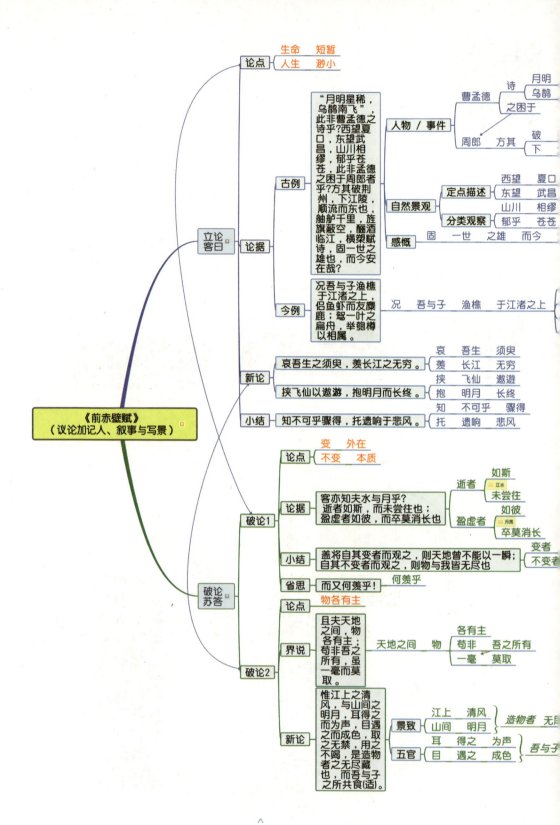

稀
飞

舳舻　千里
旌旗　蔽空
酾酒　临江
横槊　赋诗

顺流　而东

寄蜉蝣
于天
地，渺
沧海之
一粟。

寄　蜉蝣　天地
渺　沧海　一粟

不
麋
叶　扁舟
尊　相属

观之　天地　曾　不能以　一瞬
观之　物与我　皆无尽

取之无禁
用之不竭
共适

图 4-5-4b　多重概念模块：议论加记人、叙事与写景（《前赤壁赋》）

6 知识主题网

● ● ●

以一个主题（theme）为核心，横向发展出相关的知识，甚至跨越其他学科领域（subject），通过整合（integrate）过去已知的知识、目前正在学习的内容与未来想要探索的方向，并让学生朝着一个"全人"（the Whole Person）发展的道路迈进。这样的学习特征，被称为主题式课程（thematic curriculum）或整合式课程（integrated curriculum），它是从一个中心主题出发、脉络分明的相关知识的整合。以此模式设计出来的课程，我们称之为知识主题网。学生若能在中学阶段熟悉知识主题网的学习模式，不仅对未来在大学、研究生阶段的知识学习、论文研究会起到很大的帮助，甚至终身受用无穷。

在本节当中，我将以中学阶段必学的"近体诗"作为中心主题，为大家示范说明思维导图法的应用技巧。

水平思考各个相关主题

当我们看到"近体诗"这个主题的时候，是否会联想到有"近"就应该有"远"，对吧！于是我们根据以前学过的知识或查询相关资料，得出相对于"近体诗"的诗称为"古体诗"的结论。

于是我们先以"诗"为中心主题，并展开两个主题，分别是"近体诗"与"古体诗"。接着再分别把这两大类的项目、内容大致整理一下，先有个初步的概貌理解（图 4-6-1a）。一般而言，以思维导图进行分类分析，能帮助我们梳理知识、提升阅读理解。但是碰到图 4-6-1a 这种将两者作比较的情况时，有没有更清晰简洁的做法呢？当然有，那就是传统的二维表格（图 4-6-1b）。你是否发现，表格更加一目了然地呈现出了"近体诗"与"古体诗"的种类、项目，以及相同点与差异处。因此，我们在学习的过程中，不要想当然地认为博赞的思维导图可以适用任何

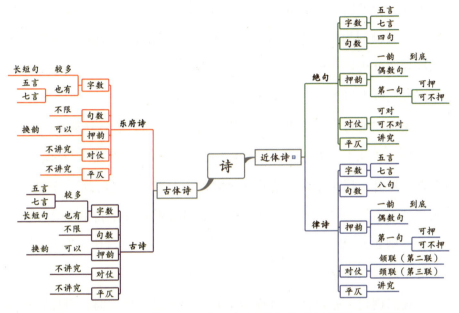

图 4-6-1a 以"诗"为主题展开"近体诗"与"古体诗"思维导图

种类 项目	古体诗		近体诗	
	乐府诗	古诗	绝句	律诗
字数	较多长短句 也有五言、七言	较多五言、七言 也有长短句	五言、七言	
句数	不限		四句	八句
押韵	可以换韵		一韵到底 偶数句押韵 第一句可押可不押	
对仗	不讲究		不讲究	颔联（第二联） 与颈联（第三联）
平仄			讲究	

图 4-6-1b 以二维表格比较"近体诗"与"古体诗"

情况，其实它也是有所限制或不足之处，我们得视情况配合采用其他的工具，这就是我一直强调的"广义思维导图法"。

建立下一层级的知识主题网

接着我们可以从以"诗"为主题的思维导图或二维表格中的"近体诗"这个关键词为中心主题创建一个下一层级的知识主题网，这时候采用思维导图就比较合适了（图 4-6-2），同时将中心主题与上一层级（思维导图或二维表格）中"近体诗"这个关键词做超链接，并把"近体诗"的两大类别"绝句"与"律诗"作为两个主干主题。然后分别以"格式"与"案例"再往下展开一层，"格式"再以"句式""对仗""对偶""音律"往下展开一层小主题，接着继续完善各个小主题的内容；"案例"则分别以"五言"与"七言"作出小分类，并在其后接上诗歌名称。从诗歌名称，例如绝句《春晓》与律诗《过故人庄》，再超链接到以诗歌名称为中心主题的思维导图（图 4-6-3 与图 4-6-4）。

当我们创建一张以诗歌名称为中心主题的思维导图时，可以依据课文中的知识内容进行分类，例如诗歌出处、作者生平、诗歌特色、诗歌大意、注释等，由于《春晓》与《过故人庄》的作者都是孟浩然，所以我在图 4-6-3 与图 4-6-4 这两张思维导图当中，"作者"这个分支之下的"孟浩然"彼此也设定了超链接，以便学习时相互联系。

除此之外，我在图 4-6-4《过故人庄》当中也增加了两大主题，分别是"注释"与"延伸学习"，这两个分支是上课时教师带领学生开展的进一步学习，这是考试重点，也希望借此提升学生的语文素养，建议把这两大内容整理到思维导图当中。由于"注释"与"延伸学习"的内容较多，我再以下一个层级的思维导图来记录整理（图 4-6-4a 与图 4-6-4b）。

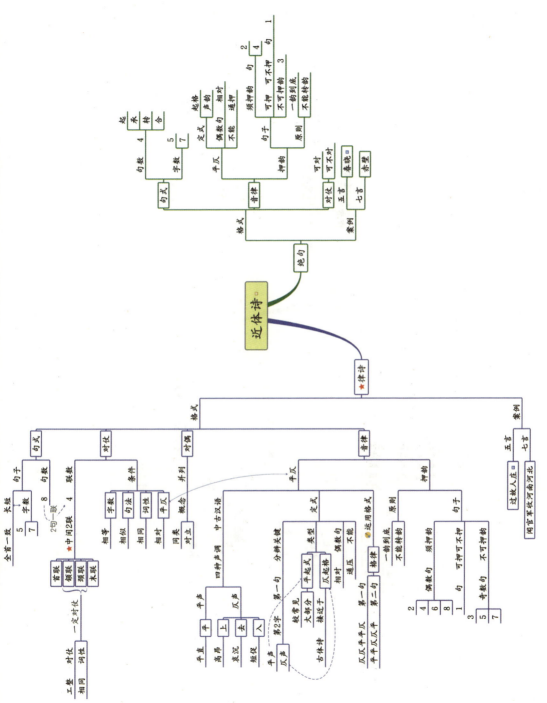

图 4-6-2 以 "近体诗" 为主题的思维导图

<259>

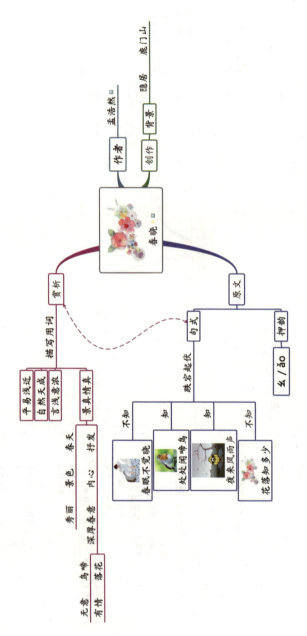

图 4-6-3 以《春晓》为主题的思维导图

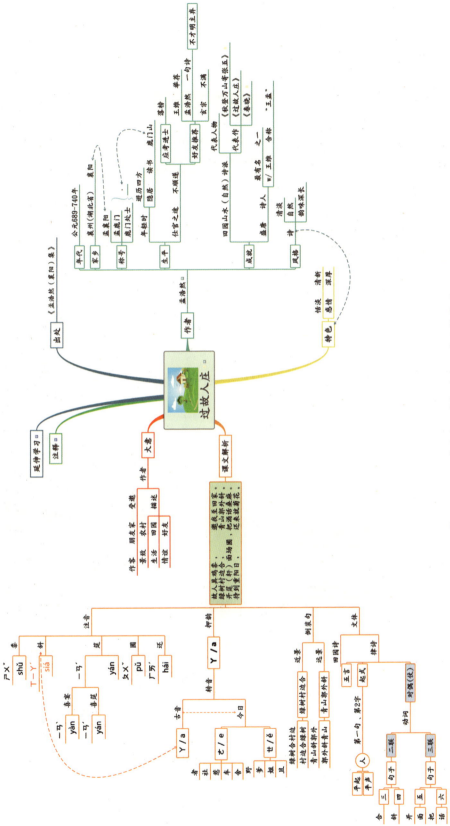

图 4-6-4 以《过故人庄》为主题的思维导图

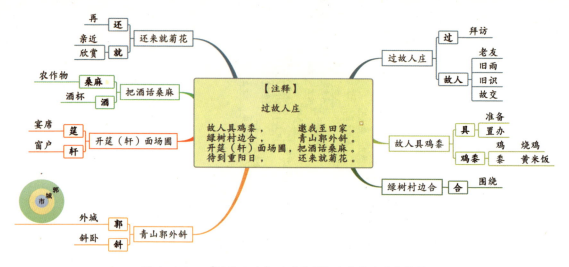

图 4-6-4a 《过故人庄》以"注释"为主题的思维导图

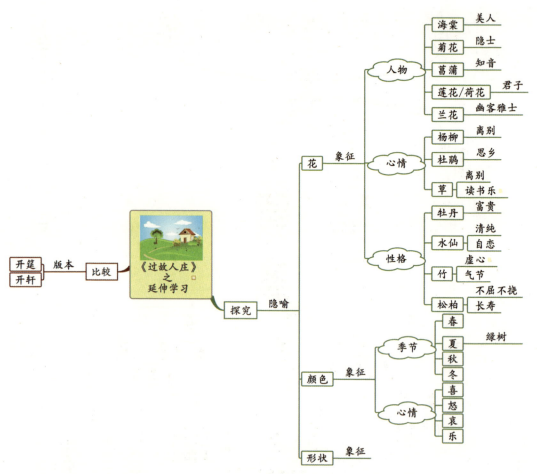

图 4-6-4b 《过故人庄》以"延伸学习"为主题的思维导图

< 262 >

第五章

思维导图法融入学科教学的实施策略

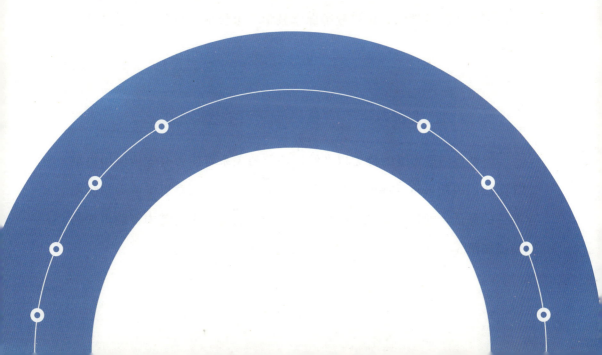

成功的教学活动需要教师清楚各种教学的方法与策略，并能灵活且适当地运用于各种教学环境，以营造正面积极之学习气氛，激励学生表达自己的意见，给予其安全温暖的学习环境，这样才能达到最佳的学习效果。

思维导图法虽然广为中小学教师采用，但是在效果上却差距颇大，有些成效卓著，有些似昙花一现。究其原因，其实是缺乏一套行之有效的将思维导图法融入学科教学的实施策略。在本章中，我将提供几个有效的方法供一线教师参考。

1 因材施教：思绘能力矩阵教学法

· · ·

不同年龄的学生的认知发展情况有所不同，逻辑与创意思维的能力也各有差异，以及是否具备绘图技巧，这些因素都影响着思维导图法的应用效果。因此本节将从学生思维能力与绘图技巧的差异性的角度提出思绘能力矩阵教学法，以供教师课堂教学、家长指导孩子或学生自学时参考。

思绘能力矩阵的意义与配套的学习策略

逻辑与创意思维的能力以及绘图的技巧关系着能否有效地应用思维导图法。因此可将这些能力分别以逻辑思维能力、创意思维能力与绘图能力的高低，通过三维结构的思绘能力矩阵表现出来，其中可能出现的情况如图 5-1-1 所示。

<264>

我们可以通过相关心理测验，例如托兰斯创造性思维测验（Torrance Test of Creative Thinking），也可通过逻辑测验书籍或在实际生活中的观察来了解孩子的情况，如果孩子的创意与逻辑思维的能力都高而且绘图能力好，那么他就可以开始由浅到深将思维导图法融入学科的学习了。

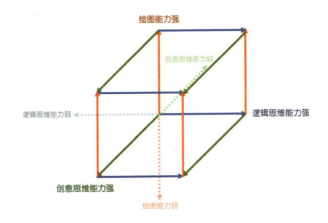

图 5-1-1 思绘能力矩阵

如果孩子的创意或逻辑思维不是很理想，可以通过一些创造性、逻辑性与推理性的思考训练来强化其创意思考与逻辑思维的能力。例如以下几种深受小朋友喜爱的桌游，都是很好的辅助工具。

桌游与思维训练项目对应表

桌游名称	思维训练项目
魔力桥（Rummikub）	观察力、逻辑力、记忆力
SET	观察力、逻辑力、记忆力
逻辑街（Club 2%）	逻辑力
只言片语（Dixit）	创造力、逻辑力
故事骰（Story Cube）	创造力、记忆力

除了桌游之外，本书第一章中为大家讲解的广义的思维导图法中的 8 种思维图及九宫格等工具也都是很好的选择。从九宫格中央展开一个层

级、两个层级的扩散思考，以及实转虚、虚转实的练习对提升逻辑与创意思维都能产生很大的帮助。除了思维能力，如果孩子的绘图技巧不够好，恐怕也会影响思维导图的使用效果。下面我从绘制线条、插图与替代工具三个部分略做说明。

（一）绘制线条

如果思维导图中的线条杂乱、层次不清，会造成视觉上的混乱，妨碍孩子对信息的吸收，因此可以准备几张以点线方式呈现思维导图主干、支干线条的练习题，让孩子根据线条的颜色选择同色的彩笔进行描绘，以练习各种不同角度所展开的线条画法，案例请参考第一章的图 1-1-4 "练习手绘思维导图的线条"。

（二）绘制插图

画出漂亮的思维导图可以让人心情愉悦，激发孩子对主题的创意思维，增强对内容的记忆，但思维导图也让不少初学者望而却步，因为他们不擅长画图。其实，思维导图是帮助我们厘清思路、整理读书学习笔记的工具，并不一定要画出令人惊艳的美术作品，但总体要求整洁、清晰、美观。我们可以购买几本简笔画书籍来模仿练习，必要时，让孩子参加插画班课程也是不错的选择。

（三）替代工具

对于中学以上的学生，由于课业繁重，我建议先以电脑软件来制作思维导图，其优点是方便增补、删减内容，以及调整关键词的位置，这也是我在本书第二章的思维导图 RMMR 学习法中笔记阶段采用软件来绘图的原因，对需要强化记忆的知识内容，才使用手绘思维导图，这即属于记忆阶段。采用思维导图 RMMR 学习法可以帮助绘图技巧不够好的同学摆脱恐惧感，进而乐于采用思维导图法来整理自己的读书笔记。

基于思绘能力矩阵的学习策略

由于每个人的思维能力各有差异，因此应用思维导图法可采取"先生活化再学业化"和"掌握文章分类的原则与技巧"两大策略来提升学习效果。

（一）先生活化再学业化

2004 年，就读于新竹教育大学教育心理与咨询辅导教学硕士班的台湾头份小学郑琇方老师，在撰写她的硕士论文《心智图法作文教学方案对小学二年级学童写作能力表现与写作兴趣之影响》时来与我讨论，如何才能让班上的学生都学会思维导图法，以顺利进行论文的实验研究。

根据学习动机理论及我多年的教学实践经验，我告诉郑琇方老师，孩子们学习思维导图法需要先"生活化"，再"学业化"。先让孩子们喜欢上这个新方法，体会到这个新方法的好处，他们自然就会将其应用到学习上。

郑琇方老师依照我的指导，不但顺利写完了论文，而且她班上小朋友的学习能力也持续提升。多年之后，郑老师告诉我，她班上的学生升上五六年级之后，学习成绩普遍提高。

（二）掌握文章分类的原则与技巧

台湾"中央大学"脑神经科学研究所洪兰教授在《虚拟世界也能学习》一文中指出，"分类是智慧的基础"，根据事物的特征属性或任务目的进行分类，很快就能找出它们彼此之间的关系。思维导图法很重要的原则与技巧就是能够通过分析与归纳，对知识内容进行适当的分类，其目的在于帮助大家理解记忆。

本书不厌其烦地讲解了各种文体结构的概念模块，就是为了帮助学生建立各种学习基模，这样以后遇到各种类型的文章时，都能借鉴套用，熟练地整理思维导图读书笔记。

理解并掌握文体结构的概念模块，除了应用思维导图法强化学科学习效果之外，也是提升语文素养的关键。

2 潜移默化的学习策略

• • •

常听到不少家长提到，教师给班上孩子布置的家庭作业是要用思维导图去完成的，但是孩子又不懂思维导图法，教师也仅仅简单讲解怎么"画"思维导图。其实，这是他们不懂得怎么"用"思维导图法，因而孩子和家长都产生了不少怨言。面对这种情况，教师必须在课堂上一次次为孩子做示范，让孩子们在潜移默化的过程中学会"用"思维导图法。

专家示范

为了让孩子们在潜移默化的过程中学会"用"思维导图法，教师可以一边讲述课文内容，一边用电脑软件绘制思维导图，或在黑板上手绘思维导图，以此取代传统条列式的板书形式，帮助孩子更有效地理解课文内容。

教师在进行这项教学活动时，首先，要根据教学目标来强调并阐述课文的主要思想，并据此确定核心概念，也就是思维导图的中心主题；其次，要依据课文的文体搭配适当的概念模块，展开第一层级的各个主要主题。这样做的目的是让学生能先掌握整体结构，然后再探索细节，亦即养成"先见林再见树"的系统化思维习惯。

接下来，我以梁朝丘迟的《与陈伯之书》与晚唐诗人杜牧的《赤壁》为例，为大家做讲解说明。

丘迟《与陈伯之书》

《与陈伯之书》是魏晋南北朝时期丘迟写给陈伯之的一封招降书。这封招降书采用议论的方式分析处境、宣明道义，分析来归之利与不来归之害，表达乡土之情、故国之思。因此，图5-2-1的思维导图主结构采用论说文的"总论""分论""结论"与"寄托"。除此之外，为了让学生知道教师为什么要这样分，我增加了"文体"与"对象"这两个分支。并在"分论"之下先将丘迟在文章中分析论述的几个论点列出来，让学生们对整篇文章先有个整体的把握。

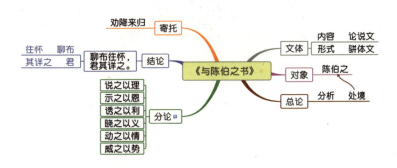

图 5-2-1 主结构心智总图的示范案例《与陈伯之书》

接着再分段进行解说，内容较多时，可以将其拆解成几个部分，针对每个部分绘制一张次主题的思维导图。例如图5-2-2是从分论中的"说之以理"这个论点展开的一张次主题思维导图。同时，为了帮助学生理解内容，可针对课文中的这段话进行分类，例如"说之以理"的内容仍是属

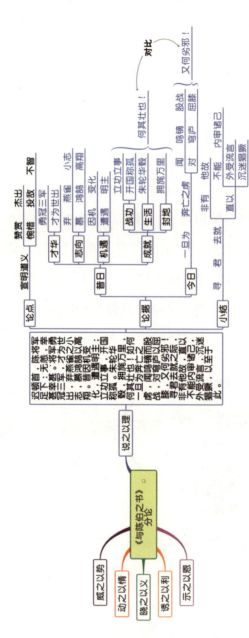

图 5-2-2　次主题思维导图的示范案例《与陈伯之书》

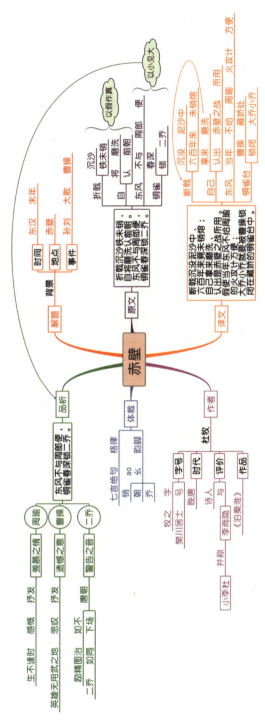

图 5-2-3　古诗教学思维导图案例《赤壁》

于议论形式，因此可继续分成"论点""论据""小结"，同时也将论据中所描述的内容，归纳成"才华""志向""机遇"与"成就"等。

另外，上课时，为了方便学生对照原文与思维导图，可以在这个分支把课文中有关这个小主题的文字内容以文字框的形式呈现出来。

杜牧《赤壁》

在课堂教学的时候，如果原文与译文都有必要呈现，可将原文与译文分别用思维导图的两个分支并列出来，以使关键词的位置基本对应。图5-2-3是晚唐诗人杜牧的七言绝句《赤壁》的教学思维导图，这个案例除了为大家展示同时呈现原文与译文的做法之外，也示范了如何以"概要的大括号"来说明作者所采用的艺术手法。例如，《赤壁》的前两句是唐代诗人常用的手法——以假作真，后两句"以小见大"，表达对赤壁之战的独特看法并抒发诗人忧国忧民的情怀。对于"以小见大"这个亮点，我们可在思维导图当中另以"品析"这个分支进一步阐述，让学生能有更深层的体会与反思。

思维导图法训练

当学生通过课堂上教师的示范而逐渐熟悉以思维导图的形式来解析课文后，教师就可以开始教学生如何画思维导图了。为了循序渐进地培养学生独立绘制思维导图及掌握思维导图法，可以分以下四个阶段分步实施。

第一阶段：教师根据思维导图法的原则先将课文中的关键词标示出来，然后在白板（或黑板）上示范如何将课文中的关键词逐步绘制成思维导图笔记，学生则模仿教师的思维导图将其画到自己的笔记本上。

第二阶段：将课文中的关键词标示出来之后，教师只绘制中心图与第一或第二层级（概念模块、意义段），学生自己完成内容细节的部分。

第三阶段：教师带领学生将课文中的关键词标示出来之后，学生自己完成思维导图。

第四阶段：由学生自己标出课文中的关键词，并完成思维导图笔记，教师再予以点评、指导。

在进行思维导图法训练的过程中，必须让学生在每个阶段都适应并熟练之后，再进入下一个阶段，以避免学生产生挫折感而放弃。

思维导图法是一种对教学与学习都很有帮助的好方法，但如果采用的方法不对或太过急躁，恐怕会使其效果大打折扣。希望本书所提出的教学与学习方法能对将思维导图法作为教学策略的教师，以及自觉将思维导图法作为读书方法的学生们有所帮助，这也是我毕生投入思维导图法教学与研究的最大心愿！

参考文献

中文参考文献

［1］王心怡，孙易新.思维导图法：高效开发孩子的左右脑［M］.北京：时代华文书局，2017.

［2］王明欢，孙易新.小学生思维导图作文课［M］.杭州：浙江人民出版社，2019.

［3］王清平.心智图法之教学运用——以高中文言文为例［D］.台北：台湾师范大学，2012.

［4］余民宁.有意义的学习——概念构图之研究［M］.台北：商鼎文化，1997.

［5］李坤崇，欧慧敏.统整课程理念与实务［M］.台北：心理出版社，2000.

［6］侯美娟，黄秋霞，钟屏兰.浅谈故事结构教学与实务教学分享［J］.台湾教育评论月刊，2016，5（12）.

［7］孙易新.思维导图应用宝典［M］.北京：时代华文书局，2015.

［8］孙易新.心智图法研究趋向之分析［M］.台北：师大书苑，2016.

［9］孙易新.思维导图法基础实务·入门篇［M］.广州：广东人民出版社，2017.

［10］孙易新.思维导图法实用技巧·进阶篇［M］.广州：广东人民出版，2017.

［11］孙易新.零基础思维导图法［M］.北京：时代华文书局，2017.

［12］孙易新.学一次用一辈子的思维导图［M］.北京：北京联合出版公司，2018.

［13］高诗佳.文言文阅读素养：从寓言故事开始［M］.台北：五南出版社，2015.

［14］梁容菁，孙易新.思维导图：快速提升写作力［M］.北京：时代华文书局，2017.

英文参考文献

［1］Atkinson D.A. Critical Approach to Critical Thinking in TESOL［J］. *TESOL Quarterly*, 1997, 31(1).

［2］Novak, J.D., Gowin,etc. *Learning How to Learn*［M］. New York: Cambridge University Press, 1990.

［3］Novak, J.D. Concept mapping: A useful tool for science education［J］. *Journal of Research in Science Teaching,* 1990, 27(10).

［4］Sharon Wooden, Nancy Baptiste, Loui Reyes. ORIDING: An Adult Teaching–Learning Technique［J］. *Adult Learning*, 1994, 5(18).

［5］Tolman, E.C. Cognitive maps in rats and men［J］. *Psychological Review*, 1948, 55(4).

<275>